500 Hidden Secrets

KOPENHAGEN

BRUCKMANN

EINLEITUNG

Dieses Buch wurde geschrieben, um dem Leser zu helfen, die versteckten Juwelen zu entdecken, die Kopenhagen zu einer der »lebenswertesten Großstädte« der Welt machen und zu einem der spannendsten Zentren Europas für Design, Innovation und Kreativität.

Wie die dänische Kultur an sich, ist auch die alte Hafenstadt voll charmanter Kuriositäten. Ziel dieses Buches ist es, den Leser auf die Spur des wahren Kopenhagens zu bringen: Ob es nun interessante Orte sind oder ob es darum geht, einen Einblick in das Leben der Menschen zu gewinnen sowie Ideen kennenzulernen, die die dänische Hauptstadt geprägt haben. Deshalb enthält dieses Buch nicht nur die 5 besten Restaurants für die Neue Nordische Küche oder die 5 gemütlichsten Cafés für einen Regentag. Es führt den Leser auch an die 5 Wahrzeichen der modernistischen Architektur Dänemarks, die 5 kulturellen Macken der Dänen und die 5 faszinierendsten Relikte aus Kopenhagens Vergangenheit heran.

Will man verstehen, warum Kopenhagen weltweit Trends setzt, muss man in den 5 wichtigsten Mikrobrauereien Bier probiert, die 5 wichtigsten Verkehrsregeln fürs Fahrradfahren in Kopenhagen angewandt und die 5 besten Läden für Streetwear durchkämmt haben. Ob man nun durch das dänische »Quartier Latin« schlendert, mit dem Kajak durch die Kanäle von Christianshavn paddelt oder sich beim Essen oder Tanzen im Viertel Kødbyen vergnügt – man wird schnell spüren, dass die Menschen hier die einfachen Freuden von Natur, Küche und sozialen Beziehungen zu schätzen wissen. Tatsächlich ist das das Herzstück, was einen Kopenhagener wirklich ausmacht.

ÜBER DAS BUCH

Dieser Reiseführer listet 500 Dinge in 100 Kategorien auf, die man über Kopenhagen wissen sollte. Die meisten Tipps sind Orte, die man besuchen sollte, mit praktischer Information, wie man dorthin gelangt. Andere sind als reine Information zu verstehen und sollen dabei helfen, die Stadt und ihre Einwohner besser zu verstehen.

Die Orte im Buch werden mit ihrer Adresse inklusive dem Viertel (zum Beispiel Østerbro oder Frederiksberg) und einer Nummer angegeben. Die Angaben des Viertels und der Nummer helfen dem Leser, den Ort auf den Karten am Anfang des Buches zu finden: Es empfiehlt sich also, erst die Karte des jeweiligen Viertels aufzuschlagen und dann nach der richtigen Nummer zu suchen. Wer detaillierteres Kartenmaterial benötigt, erhält dieses in den Büros des Fremdenverkehrsamtes und den meisten Hotels. Die Adressen können selbstverständlich auch ins Smartphone eingegeben werden.

Man sollte jedoch berücksichtigen, dass Städte sich ständig verändern. Der Chef, hier als hervorragend beschrieben, kann mal einen schlechten Tag haben oder das Hotel, in diesem Buch hochgelobt, sich aufgrund einens Managementwechsels gerade auf Talfahrt befinden. Außerdem ist die Auswahl natürlich sehr persönlich, der Leser muss nicht immer mit den Empfehlungen übereinstimmen. Wer einen Kommentar schreiben, eine Bar empfehlen oder seinen Lieblingsplatz preisgeben will, kann den Verlag kontaktieren oder *@500hiddensecrets* auf Instagram folgen und Kommentare hinterlassen – dort findet man übrigens immer wieder gute Tipps und das Neueste aus der Buchreihe.

DER AUTOR

Der Schriftsteller und Kreativberater Austin Sailsbury hat zahlreiche Beiträge für internationale Druck- und Web-Publikationen verfasst, darunter für *Kinofolk Magazine* (US), *RELEVANT Magazine* (US), *The Murmur* (DK) und *Cold North Magazine* (DK). Er ist Autor des Buches *American Getaway: 100 Years of Saints and Sinners at Camp Wandawega* (US) und hat vor Kurzem das Designbuch *Dialogues für Frama* (DK) und *Our Food Stories* (DE) veröffentlicht.

Während der letzten zehn Jahre hat der Autor in verschiedenen Vierteln Kopenhagens gelebt, vom historischen Lyngby über die Vororte an der Küste bis zu den zentralen Bezirken Nørrebro und Østerbro. Und er möchte seine Leser anregen, ihre Zeit in Kopenhagen möglichst abwechslungsreich zu verbringen.

Der Dank des Autors geht an alle, die ihr Insiderwissen zu Kopenhagen mit ihm geteilt haben: Peter Stanners, Nick Scriven, Ben Catford, Alex Kierrumgaard, Peter Balstrup, Isabella Smith, Steve Momsen, Lill Buhl Bersang, Freya McOmish, Rebecca Thandi Norman und Dieuwertje Visser von Nordic Noir Tours. Ohne die Hilfe der Experten vor Ort wäre die Qualität und Vielfalt der ausgewählten Hidden Secrets nicht halb so gut geworden. Danke auch an den Fotografen Tino van den Berg, der oft dem stürmischen Wetter getrotzt hat, um das »wunderschöne Kopenhagen« mit seiner Kamera einzufangen. An das Verlagsteam für die guten Ratschläge während der Produktion. Und natürlich an seine Frau für ihre Unterstützung, Ermutigung und Geduld, mit der sie seine Recherchen und das Schreiben des Buches begleitet hat.

KOPENHAGEN

Übersicht

Karte 1

KOPENHAGEN K
INDRE BY

ESSEN – TRINKEN – LADEN – GEBÄUDE – ENTDECKEN – KULTUR – KINDER – SCHLAFEN – WOCHENENDAKTIVITÄTEN – ANDERES

ESSEN – TRINKEN – LÄDEN – GEBÄUDE – ENTDECKEN – KULTUR – KINDER – SCHLAFEN – WOCHENENDAKTIVITÄTEN – ANDERES

Karte 2

CHRISTIANSHAVN

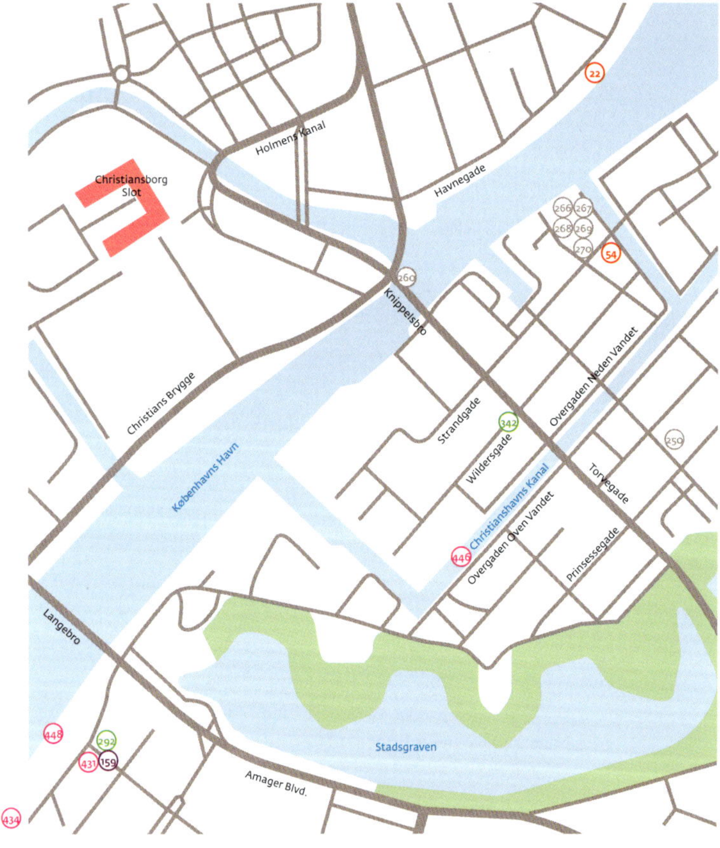

ESSEN – TRINKEN – LADEN – GEBÄUDE – ENTDECKEN – KULTUR – KINDER – SCHLAFEN – WOCHENENDAKTIVITÄTEN – ANDERES

ESSEN – TRINKEN – LÄDEN – GEBÄUDE – ENTDECKEN – KULTUR – KINDER – SCHLAFEN – WOCHENENDAKTIVITÄTEN – ANDERES

Karte 3

KOPENHAGEN V
VESTERBRO

ESSEN – TRINKEN – LÄDEN – GEBÄUDE – ENTDECKEN – KULTUR – KINDER – SCHLAFEN – WOCHENENDAKTIVITÄTEN – ANDERES

ESSEN – TRINKEN – LADEN – GEBÄUDE – ENTDECKEN – KULTUR – KINDER – SCHLAFEN – WOCHENENDAKTIVITÄTEN – ANDERES

Karte 4

KOPENHAGEN N NØRREBRO

ESSEN – TRINKEN – LADEN – GEBÄUDE – ENTDECKEN – KULTUR – KINDER – SCHLAFEN – WOCHENENDAKTIVITÄTEN – ANDERES

Karte 5

KOPENHAGEN Ø ØSTERBRO

ESSEN – TRINKEN – LÄDEN – GEBÄUDE – ENTDECKEN – KULTUR – KINDER – SCHLAFEN – WOCHENENDAKTIVITÄTEN – ANDERES

Karte 6

FREDERIKSBERG & VALBY

ESSEN – TRINKEN – LÄDEN – GEBÄUDE – ENTDECKEN – KULTUR – KINDER – SCHLAFEN – WOCHENENDAKTIVITÄTEN – ANDERES

Karte 7

KOPENHAGEN S AMAGER

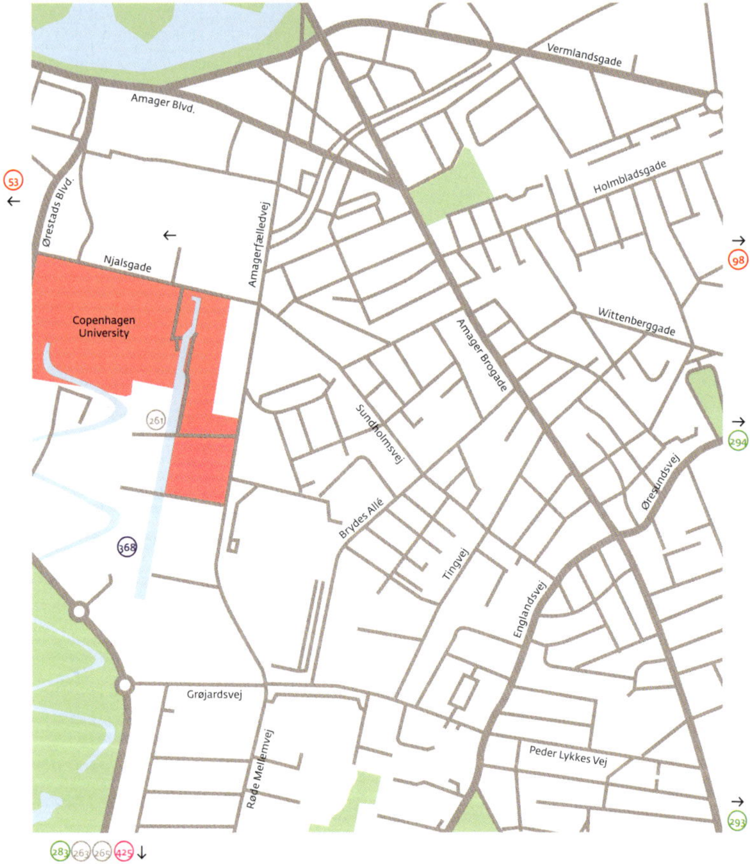

ESSEN – TRINKEN – LÄDEN – GEBÄUDE – ENTDECKEN – KULTUR – KINDER – SCHLAFEN – WOCHENENDAKTIVITÄTEN – ANDERES

Karte 8

STRANDVEJEN

ESSEN – TRINKEN – LADEN – GEBÄUDE – ENTDECKEN – KULTUR – KINDER – SCHLAFEN – WOCHENENDAKTIVITÄTEN – ANDERES

42RAW
SALATER
BURGER
PIZZA
Raw rosmarin-kiks
kr. 22
Chocolate Chip Cookie

SMOOTHIES
SHAKES
JUICE
Just as
nature

100 ORTE ZUM ESSEN GEHEN ODER ESSEN KAUFEN

Die 5 besten Restaurants der

NEUEN NORDISCHEN KÜCHE

1 **HÖST**
Nørre Farimagsgade 41
Kopenhagen K ①
+45 8993 8409
www.hostvakst.dk/host

Von allen Kopenhagener Restaurants bietet Höst wahrscheinlich den einfachsten Zugang zur neuen nordischen Küche, außerdem hat es 2013 die Auszeichnung »The World's Best Design Restaurant« gewonnen. In seinen ständig saisonal variierenden Menüs bietet Höst in jedem Gang regional produzierte, originelle und wohlschmeckende Speisen an wie kein anderes Lokal. Tipp: Bitte vorab online reservieren.

2 **RESTAURANT RADIO**
Julius Thomsens Gade 12
Kopenhagen V ③
+45 2510 2733
www.restaurantradio.dk

Radio, das von Claus Meyer, dem Mitbegründer von Noma, eröffnet wurde, serviert exquisite Fünf-Gang-Menüs für ca. 400 Kronen. Der Schwerpunkt liegt auf biologisch und nachhaltig angebautem Gemüse, das von seinen eigenen Bauernhöfen stammt.

3 AMASS RESTAURANT

Refshalevej 153
Kopenhagen K ①
+45 4358 4330
www.amassrestaurant.com

Das außergewöhnliche Amass Restaurant wird vom amerikanischen Chefkoch und Eigentümer Matt Orlando geführt, auch er gehört zur ehemaligen Noma-Gründerclique. Amass liegt in einer ehemaligen Industrieanlage und ist am besten per Wasserbus zu erreichen. Das sechsgängige Abendmenü kostet 600 Kronen (ohne Wein).

4 RELÆ

Jægersborggade 41
Kopenhagen N ④
+45 3696 6609
www.restaurant-relae.dk

Relæ liegt in einer der hippsten Straßen Kopenhagens und kündigt sein »Tagesmenü« niemals vorab an. Kommen Sie also einfach vorbei und lassen sich vom Abendessen überraschen. Das viergängige Menü kostet 460 Kronen (ohne Wein).

5 PONY

Vesterbrogade 135
Kopenhagen V ③
+45 3322 1000
www.ponykbh.dk

Das kleine, schicke Lokal ist der lässige »kleine Bruder« des exklusiven Michelin-Sterne-Restaurants Kadeau. Die Speisekarte bietet eine großartige Auswahl an Gerichten aus der neuen nordischen Küche, größtenteils inspiriert von Produkten der dänischen Insel Bornholm. Das Abendessen mit Wein kostet etwa 300 Kronen.

5 TYPISCH DÄNISCHE GERICHTE,
die man probieren sollte

6 **SMØRREBRØD**

Wortwörtlich übersetzt »Butterbrot«, ist das »smørrebrød« ein weiter Begriff für die große Auswahl an offenen, dänischen Sandwiches, deren Basis aus einem dunklen, dichten Roggenbrot besteht. Das *smørrebrød* wird traditionell mit einer Kombination aus Wurst, Fisch, Gemüse, Käse und – selbstverständlich – Butter belegt. Überall in der Stadt kann man Geschäfte finden, die als Spezialität täglich frisch zubereitetes *smørrebrød* anbieten.

7 **FLØDEBOLLER**

Dunkle Schokolade, Marzipan, Marshmallow-Creme – was sollte man daran nicht lieben? Diese klassisch dänischen Süßigkeiten werden oft auf Eiscreme serviert, schmecken aber auch ohne sehr gut. Die beste Auswahl findet man in den vielen Schokoladenshops Kopenhagens oder in Confiserien.

8 **GAMMEL DANSK**

Gammel Dansk ist ein scharfer Branntwein, der nach einem Geheimrezept aus 29 Kräutern, Gewürzen und Blumen hergestellt und zu besonderen Anlässen serviert wird. Ob man ihn liebt oder hasst – man muss ihn einmal probiert haben.

9 **DÄNISCHER HOTDOG**

Der ultimative Kopenhagener Straßen-Imbiss wird in Speck gehüllt, mit frittierten Zwiebeln, süß eingelegtem Essiggemüse und entweder süßem Ketchup oder scharfem Senf dekoriert. Einfach Ausschau nach den *pølsevogns* (Würstchenwagen) halten, die überall stehen.

10 **FLÆSKESTEG**

Ein langsam gebratener Schweinebraten mit knackiger Schwarte, dazu warmer Rotkohl und karamellisierte Kartoffeln – das ist klassisch dänisches Wohlfühlessen.

6 SMØRREBRØD

5 *Orte, um* DÄNISCHES SMØRREBRØD *zu probieren*

11 **TOLD & SNAPS**
Toldbodgade 2
Kopenhagen K ①
+45 3393 8385
www.toldogsnaps.dk

Seit 2000 serviert man bei Told & Snaps *smørrebrød* in höchster Qualität, belegt mit essenziellen Zutaten: eingelegter Hering, Leberpastete, Roastbeef und/oder Lachs. Man sollte auch die einmalige Auswahl an aromatisierten Schnäpsen *snaps* nicht auslassen – sehr zu empfehlen sind »wilde Lakritze« oder »Anis«.

12 **AAMANNS DELI**
Øster Farimagsgade 10
Kopenhagen Ø ⑤
+45 3555 3344
www.aamanns.dk

Adam Aamann serviert in seinem Delikatessenlokal seit 2006 mit die besten »offenen« Sandwiches Kopenhagens. Sie können vor Ort gegessen oder mitgenommen werden. Dank seiner Kreativität und saisonaler Zutaten bereichert Aamann die *smørrebrød*-Tradition auf erfrischend moderne Art.

13 **SCHØNNEMANN**
Hauser Plads 16
Kopenhagen K ①
+45 3312 0785
www.restaurant schonnemann.dk

Schønnemann ist Kopenhagens ureigenstes *smørrebrød*-Restaurant in altdänischer Tradition (dunkles Holz, weiße Tischtücher). Auf Meeresfrüchte spezialisiert, werden bereits seit 1877 die leckeren Klassiker serviert – allerdings ist das Restaurant nur mittags geöffnet.

14 **LUMSKEBUGTEN**

Esplanaden 21
Kopenhagen K ①
+45 3315 6029
www.lumskebugten.dk

Ehemals eine Seefahrer-Taverne, hat Lumskebugten (»die heimtückische Bucht«) eine geschichtsträchtige Vergangenheit, die bis 1854 zurückreicht. Heute ist es ein elegantes Restaurant, das dänische Küche serviert. *Smørrebrød* ist selbstverständlich eine der Spezialitäten. Für ein ausgiebiges Mittagessen ist das Drei-Gänge-Menü empfehlenswert.

15 **HALLERNES SMØRREBRØD**

Torvehallerne Hall 1
Rømersgade 18
Kopenhagen K ①
+45 6070 4780
www.hallernes.dk

Der Torvehallerne Food Market verspricht ein einfacheres, jedoch spannendes *smørrebrød*-Erlebnis. Hallernes Smørrebrød serviert kreative, offene Sandwiches, die vor den Augen des Gastes frisch zubereitet werden. Und: Es ist länger geöffnet als die meisten anderen *smørrebrød*-Läden in der Stadt!

12 **AAMANNS DELI**

Die 5 besten
BÄCKEREIEN

16 **MEYERS BAGERI**
Jægersborggade 9
Kopenhagen N ④
+45 2510 1134
www.meyersmad.dk

Claus Meyer, einer von Dänemarks kulinarischen Superstars, gründete die kleine Kette Meyers Bageri, die ökologische, handwerklich hergestellte Brot- und Backwaren erzeugt. Seine Shops liegen über ganz Kopenhagen verstreut. Die Meyers Bäckereien sind immer noch klein, lokal und konzentrieren sich auf gute Qualität, statt sich raschem, kommerziellem Wachstum zu unterwerfen.

17 **BAGERIET BRØD**
Enghave Plads 7
Kopenhagen V ③
+45 3322 8007

Die hippste Bäckerei im trendigen Vesterbro entstand erst vor ein paar Jahren, trotzdem ist sie schon nicht mehr aus der Nachbarschaft wegzudenken. Sehr empfehlenswert ist Brøds liebevoll von Hand gemachtes Landbrot.

18 **SANKT PEDERS BAGERI**
Skt. Peders Stræde 29
Kopenhagen K ①
+45 3311 1129

Sankt Peders Bageri ist eine recht bescheidene Bäckerei mit traditionellem Ambiente. Eine Spezialität sind die äußerst beliebten *onsdag snegle* (die Zimtschnecken vom Mittwoch), von denen sie 4000 pro Woche backen. Tipp: Früh hingehen und gleich zwei kaufen!

19 BATTING BAKERY

Ordrupvej 101
Charlottenlund ⑧
+45 3513 6000
www.battingbakery.com

Schon beim Eintreten in diese heitere, stilvolle (und mit Preisen ausgezeichnete) Bäckerei im kleinen Dorf Ordrup spürt man, dass die Menschen das Backen und Essen ihrer herausragenden Backwaren ebenso sehr lieben, wie sie ihre Leidenschaft gerne mit ihrer Kundschaft teilen. Versäumen Sie deshalb nicht, auf dem Weg aus der Innenstadt nach Bellevue Beach oder Dyrehaven hier einen Abstecher einzuplanen.

20 MIRABELLE

Guldbergsgade 29
Kopenhagen N ④
+45 3535 4724

Das Mirabelle wurde vom ehemaligen Noma-Koch Christian Puglisi eröffnet und nennt sich selbst »Bäckerei und Lokal«. Das Besondere am Mirabelle ist, dass die Bäckerei abends lange geöffnet hat, sodass man dort auch zu Abend essen und so die gemütliche, skandinavische Inneneinrichtung genießen kann. Tipp: Unbedingt den Marzipankuchen kosten.

19 BATTING BAKERY

Die 5 besten

RESTAURANTS MIT KOPENHAGENER FLAIR

21 **MANFREDS & VIN**
Jægersborggade 40
Kopenhagen N ④
+45 3696 6593
www.manfreds.dk

Ganz im Sinne des Pariser »bobo«-Stils (eine Fusion aus burgeois und bohémian) bereichern Manfreds & Vin die trendige Jægersborggade mit einer ernsthaften Version nordischer Küche. Das Restaurant beeindruckt seine Gäste mit einer umfangreichen Weinkarte und gesunden Gerichten. Empfehlung: das Hausbier Kolster und das siebengängige Mittagsmenü »Chef Selection«.

22 **ALMANAK IM THE STANDARD**
Havnegade 44
Christianshavn ②
+45 7214 8808
www.thestandardcph.dk

Almanak ist der Ingebriff eines Kopenhagener Restaurants: elegante, moderne Inneneinrichtung, Blick auf das Wasser und hervorragendes, nordisch orientiertes Essen. Zudem befindet sich das Lokal im »The Standard«, einem der beeindruckendsten Gebäude Kopenhagens. Tipp: Buchen Sie einen Tisch fürs Mittagessen – die Aussicht ist dann besser und die Preise sind niedriger.

22 **ALMANAK IM THE STANDARD**

23 **THE UNION KITCHEN**
Store Strandstræde 21
Kopenhagen K ①
+45 3314 5488
www.theunionkitchen.dk

Dieses flippige, urbane Lokal liegt nur eine Straße entfernt vom touristischen Zentrum Nyhavn und kombiniert perfekt, was Kopenhagen so cool macht: eine relaxte Stimmung, aber mit ernsthafter Liebe zum Detail – sowohl, was das rustikale Interieur, als auch, was die einmalige Speisekarte betrifft. Eine Empfehlung wert ist das »Kitchen Chicken mit Waffeln«.

24 **ATELIER SEPTEMBER**
Gothersgade 30
Kopenhagen K ①
+45 2629 5753
www.atelierseptember.dk

Das Atelier September mit seinen großen Fenstern zur belebten Gothersgade und seiner sehr reduzierten, rustikalen Inneneinrichtung versprüht geradezu Kopenhagener Flair – egal, ob man von außen rein- oder von innen rausschaut. Von Montag bis Samstag zählt es bei der eleganten Kopenhagener Szene zu den beliebtesten Lokalen für Kaffeepausen und leichte Mahlzeiten.

25 **MADKLUBBEN BISTRO-DE-LUXE**
Store Kongensgade 66
Kopenhagen K ①
+45 3332 3234
www.madklubben.dk/bistro-de-luxe

Die Restaurants der Madklubben-Familie liegen über ganz Kopenhagen verstreut und sehen alle anders aus. Was sie jedoch vereint, ist ihr Anspruch, kreatives und hochqualitatives Essen zu fairen Preisen zu servieren. Das Bistro-de-Luxe an der Store Kongensgade ist das Stammhaus und bietet seinen Gästen ein einmaliges Kopenhagener Erlebnis.

Die 5 besten Orte, um
RUND UM DEN STRØGET
zu essen

26 **BARBURRITO**
Skindergade 36
Kopenhagen K ①
+45 3586 1616
www.barburrito.dk

Barburrito serviert typisch mexikanische Gerichte mit leicht nordischem Einfluss. Die Spezialität sind Burritos, aber auch das Schweinekonfit ist sehr empfehlenswert. Für eine abgerundete Mahlzeit dürfen Kochbananen-Chips, Guacamole und ein handgemachter Margarita mit einem Schuss Jalapeño-Saft nicht fehlen.

27 **DALLE VALLE**
Fiolstræde 3-5
Kopenhagen K ①
+45 3393 2929
www.cafedallevalle.dk

Dalle Valle ist ein stilvolles Lokal in der Innenstadt, das täglich nicht nur ein, sondern gleich zwei erschwingliche All-You-Can-Eat-Büfetts anbietet. Das Mittagessen kostet 80 Kronen, das Abendessen 100 Kronen.

28 **PALUDAN BOOK & CAFE**
Fiolestræde 10-12
Kopenhagen K ①
+45 3315 0675
www.paludan-cafe.dk

Auch wenn man sich erst mal mit einer Meute Universitätsstudenten herumschlagen muss, um einen Tisch zu ergattern, die Mühe lohnt sich. Riesige Sandwiches, frisches Gebäck, exzellenter Kaffee, das alles gibt es zu sehr freundlichen Preisen. Bevor man geht, sollte man noch den Secondhand-Buchladen im Untergeschoss des Cafés besuchen.

29 FREDCO'S DELI

Grønnegade 32
Kopenhagen K ①
+45 3333 9300
www.fredco.dk

Es ist einfach, dieses bescheidene, gesunde Esslokal zu übersehen, weil es winzig ist und etwas unterhalb der Straße liegt. Wer aber auf der Suche nach einem raschen, frischen Mittagessen ist, stößt bei Fredco's auf ein Juwel. Hier werden einfache, aber kreativ belegte Sandwiches, frisch gepresste Säfte und großartige vitaminreiche Salate serviert. Wenn das Wetter gut ist, sollte man sich etwas von Fredco's für ein Picknick am Kongens Have mitnehmen.

30 PASTIS

Gothersgade 52
Kopenhagen K ①
+45 3393 4411
www.bistro-pastis.dk

Dieses Bistro verbindet stilvolle dänische mit klassisch französischer Küche. Das Mittagsmenü im Pastis ist exzellent (und günstiger als das Abendessen): Der Salat Niçoise und die *boeuf-rôti*-Sandwiches gehören zu den besten Gerichten der Stadt. Empfehlung: Genießen Sie ein Glas des roten Hausweins zum Mittagessen und eine Tasse des vor Ort gerösteten Kontra-Kaffees als Abschluss.

Die 5 wichtigsten
ESSENSSTÄNDE AUF PAPER ISLAND

Copenhagen Street Food
Trangravsvej 14
Christianshavn ②

31 **OINK OINK BARBECUE**
www.oinkoink.dk

In der Regel ist es ein gutes Zeichen, wenn ein Imbissstand nur ein kleines Menü anbietet: Die limitierte Auswahl lässt darauf schließen, dass die Küche sich auf Spezialitäten konzentriert. Das ist beim Oink Oink sicherlich der Fall, die langsam gebratenen Pulled Pork Burger sind der Star der Show.

32 **COPPER & WHEAT**
www.copperandwheat.com

Die fünf wichtigsten Wörter zu Copper & Wheat sind: »Pommes doppelt frittiert in Entenfett«. Auch wenn die französischen Besitzer ihre Menüauswahl wöchentlich wechseln, die epischsten Fritten Kopenhagens stehen immer auf der Karte.

33 **BULKO**
+45 2971 2580
www.bulko.dk

Bulko steht für authentisches südkoreanisches Grillfleisch mit einer modernen, jugendlichen Note. Der Koch Oliver Ko hat nur die besten Rezepte von den Straßenständen Seouls mit in Kopenhagens kulinarische Szene gebracht.

34 TACOS CHUCHO

Es ist sicherlich nicht einfach, typisch mexikanisches Essen in Kopenhagen zu finden, Tacos Chucho bildet hier jedoch eine Ausnahme. Der Koch Mario Alberto Cruz bruzzelt die frischesten Tacos der Stadt in seinem silbernen Wohnwagen auf Paper Island und garniert sie noch dazu mit bunten Erzeugnissen aus regionaler Produktion.

35 BRASA

Brasilien ist weltweit bekannt für seine große Grillkunst. Der Brasa-Imbisswagen auf Paper Island macht diesem guten Ruf alle Ehre und bietet seinen Besuchern drei Fleischarten (alle werden länger als 24 Stunden mariniert), die langsam über offenem Kohlenfeuer gegrillt und perfekt gewürzt serviert werden.

34 TACOS CHUCHO

Die 5 besten

VEGETARISCHEN RESTAURANTS

36 **SIMPLERAW**
Gråbrødretorv 9
Kopenhagen K ①
+45 3535 3005
www.simpleraw.dk

Selbst für Nicht-Vegetarier lohnt sich ein Besuch bei simpleRAW. Zum einen liegt es in einer der coolsten Straßen Vesterbros, zum anderen findet hier definitiv jeder etwas: unfassbar gute Säfte, hochkreative Rohkost und ein »Rohholz«-Interior, das perfekt zur Speisekarte passt. Empfehlung: der Quinoa-Burger mit Apfel-Ingwer-Dressing.

37 **42RAW**
Pilestræde 32
Kopenhagen K ①
+45 3212 3210
www.42raw.dk

42Raw ist eine gänzlich vegane, aufstrebende Restaurantkette mit Lokalen in und um Kopenhagen, sodass man sich die Location aussuchen kann. 42Raw hat sich auf frische, nachhaltige Nahrungsmittel spezialisiert, die in einem Dehydrator (also nicht im Ofen) zubereitet und niemals über 42 Grad (daher stammt der Name) erhitzt werden.

38 MORGENSTEDET

Fabriksområdet 134
Christiania
Christianshavn ②

Seit über zwei Jahrzehnten zählt der gemütliche »Morgenstedet Dining Club«, in dem ausschließlich Freiwillige arbeiten, zu Kopenhagens besten vegetarischen Restaurants. Er liegt versteckt in der unabhängigen Kommune Christiania und sowohl die Köche als auch das Menü wechseln täglich, was jeden Tag wieder zu beeindruckender kulinarischer Kreativität und Abwechslung führt. Montags geschlossen.

39 CAFÉ N

Blågårdsgade 17
Kopenhagen N ④
+45 3215 6852
www.cafe-n-2200.dk

Dieses winzige Café hat sich eine simple Aufgabe gestellt: »vegetarische Köstlichkeiten und Lebensart zu Preisen, die sich jeder leisten kann«. Café N, das auf der trendigen Blågårdsgade liegt, hält, was es verspricht. Der »Vegan Brunch« für nur 99 Kronen zählt zu Kopenhagens besten und bietet Tofu-Omlett, Hummus, Tzatziki, Kroketten, Früchte, Salat und Brot.

40 SOULS

Melchiors Plads 3
Kopenhagen Ø ⑤
+45 3410 0101
www.soulscph.dk

Dieses Speiselokal für Vollwertkost wurde von einem australischen Duo und dem Veganer Neel Engholm gegründet. Dank der kreativen fleischlosen Speisekarte und dem reichlich entspannten Charme von Østerbro ist das Souls ein nettes Nachbarschaftslokal, das durchaus einen Besuch wert ist. Als heiße Empfehlung sei hier das »Soulful BBQ Mushroom Sandwich« genannt.

Die 5 besten

MEERESFRÜCHTE-RESTAURANTS

41 **OYSTERS & GRILL**
Sjællandsgade 1B
Kopenhagen N ④
+45 7020 61716
www.cofoco.dk/da/restauranter/oysters-and-grill

Entspannt, unkonventionell und lebendig – ein Abendessen im Oysters & Grill fühlt sich an wie ein Besuch in einem Bistro, das von irgendeinem Mittelmeerstrand hierher verpflanzt wurde. Bitte vorab buchen, denn selbst unter der Woche füllt sich dieses Lokal rasch mit glücklichen Austernschlürfern.

42 **FISKERIKAJEN IN DEN TORVEHALLERNE**
Frederiksborggade 21
Kopenhagen K ①
+45 2680 7067
www.fiskerikajen.dk

Fiskerikajen liegt innerhalb des Torvehallerne Food Markets und serviert die besten Fisch-Tacos der Stadt: fangfrischer Fisch mit eingelegtem Rotkohl und Chilimayonnaise darüber. Aber auch Fisch mit Pommes werden bei Fiskerikajen mit bewährter Expertise zubereitet.

43 **KROGS FISKERESTAURANT**
Gammel Strand 38
Kopenhagen K ①
+45 3315 8915
www.krogs.dk

Das vornehme Krogs am Kanal serviert seit dem Jahr 1910 frischen nordischen Fisch. Jüngst hat sich das Restaurant mit einer Wende hin zur innovativen und experimentellen Küche neu erfunden, und so beginnt ein weiteres spannendes Kapitel in der Geschichte einer der beliebtesten Institutionen Kopenhagens.

44 PASTIS FISHMARKET

Hovedvagtsgade 2
Kopenhagen K ①
+45 8816 9999
www.fishmarket.dk

Pastis Fishmarket ist der kleine Bruder von Pastis, dem wohl besten französischen Bistro Kopenhagens, hier mit Fokus auf Meeresfrüchten. Wie im ursprünglichen Pastis wird sowohl beim Essen als auch beim Ambiente und Service auf vortrefflichen Stil geachtet. Tipp: Verzichten Sie nie auf das Dessert!

45 FISKEBAREN

Flæsketorvet 100
Kopenhagen V ③
+45 3215 5656
www.fiskebaren.dk

Die Lobeshymnen auf Fiskebaren scheinen kein Ende zu nehmen; jeder, von der *New York Times* bis zur *BBC*, hat dieses Restaurant wegen seiner außergewöhnlichen nordischen Küche und dem schicken Industrie-Ambiente vorgestellt. Empfehlung: blaue Muscheln in Apfelmost und die hauseigene »Fish & Chips«-Version.

45 FISKEBAREN

5 dänische LAKRITZE-LECKEREIEN, die man probieren muss

46 **SOCIAL FOODIES**
Østerbrogade 128
Kopenhagen Ø ⑤
+45 2210 0136
www.socialfoodies.dk

Die einzige Leckerei, die Dänen noch mehr lieben als Lakritze, ist Eis. Deshalb ist es logisch, dass die meisten (wenn auch nicht alle) Kopenhagener Eisläden diese zwei köstlichen Leidenschaften kombinieren. Eine Menge anderer Läden bieten viele Variationen von Lakritze-Eiscreme an (Lakritze mit Schokolade, mit Salz usw.), das auf Nachhaltigkeit bedachte Social Foodies jedoch serviert nur beste Qualität.

47 **LAKRIDS**
BY JOHAN BÜLOW
ERHÄLTLICH IN: TORVEHALLERNE, MAGASIN DU NORD, TIVOLI GARDENS, COPENHAGEN AIRPORT
Kopenhagen K ①
www.liquorice.nu

Seit 2007 ist LAKRIDS von Johan Bülow schlichtweg DER Name, sobald die Sprache auf dänische Gourmet-Lakritze kommt – von biologischen Lakritzebonbons bis hin zur Rohlakritze zum Kochen. Für jeden Lakritze-Liebhaber ist es ein Muss, »LAKRIDS No. 5 Salty Chili Cranberry Liquorice« zu probieren. Skeptiker fangen am besten mit LAKRIDS »A Chocolate Coated Liquorice« an.

48 **ØSTERSØ COLA**

Lidkoeb Cocktail Bar
Vesterbrogade 72B
Kopenhagen V ③
+45 3311 2010
www.lidkoeb.dk

Einer der kreativsten Cocktails in einer der hippsten Bars von Kopenhagen ist Lidkoebs geniale »Østersø Cola« aus Pimm's No. 1, Ketel One Wodka, Pfirsichlikör, Zitronensaft und süßem, rohem Lakritzesirup.

49 **LIQUORICE STOUT BEER**

Viele Mikrobrauereien brauen ihr Bier heutzutage mit einem Schuss Lakritze. Mit etwas Glück erhält man eines in der Mikkeller Bar in Vesterbro. Ansonsten gibt es auch noch »Svaneke Bryghus Liquorice Stout«, ein Starkbier aus der Flasche.

50 **»THE UNFAITHFUL« COCKTAIL**

Curfew
Stenosgade 1
Kopenhagen V ③
+45 2929 9276
www.curfew.dk

Frage: Wann wird aus einem Cocktail mehr als nur ein Cocktail? Antwort: Wenn er mit Cointreau, Gin und Zitronensaft, Honig, Gurke sowie rohem Lakritzepulver zubereitet und schließlich noch mit einer Lakritzestange garniert wird.

47 LAKRIDS

5 VERSTECKTE KLEINODE,

die leicht zu übersehen sind

51 **MA'ED ETHIOPIAN RESTAURANT**
Griffenfeldsgade 7
Kopenhagen N ④
+45 3184 2453

Wer einmal bei Ma'ed war, kommt immer wieder hierher. Die Inneneinrichtung des Cafés ist schlicht, aber das wunderbar exotische Essen zählt zu den schmackhaftesten, erschwinglichsten und sättigendsten der ganzen Stadt.

52 **COSTA SMERALDA**
Strandvejen 323
Charlottenlund ⑧
+45 3964 3202
www.costasmeralda.dk

Die Jungs im Costa Smeralda bereiten alle italienischen Klassiker mit Leidenschaft und Präzision zu. Wahrscheinlich wird es deshalb immer wieder zu einer der besten Pizzerien Dänemarks gewählt. Seit 1989 ist diese Pizzeria am Meeresufer bei den Einheimischen ein ganzjähriges Ausflugsziel.

53 **IL BUCO**
Njalsgade 19C
Kopenhagen S ⑦
+45 3132 6811
www.ilbuco.dk

Jeder Besuch des schnuckeligen Il Buco wird dank des zart beleuchteten Ambientes und der Detailliebe des Eigentümers zum unvergesslichen Erlebnis. Jeden Dienstagabend präsentiert das Restaurant seinen »Dinner Club«, ein italienisches Gourmet-Menü (sechs Gänge und ein Glas Wein) zu einem recht günstigen Preis. Reservierung notwendig.

54 CHRISTIANSHAVNS FÆRGECAFÉ

Strandgade 50
Christianshavn ②
+45 3254 4624
www.faergecafeen.dk

Das reizende »Fähren-Café« wurde bereits im 18. Jahrhundert gegründet und steht genau neben den Wasserkanälen von Christianshavn, die durch die Amsterdamer Grachten inspiriert sind. Hier kommen hervorragende dänische Küche und Aquavit auf den Tisch.

55 VESPA

Store Kongensgade 90
Kopenhagen K ①
+45 3311 3700
www.cofoco.dk/da/restauranter/vespa

Vespa ist eine neue nordische Interpretation der italienischen Klassiker. Die Speisekarte wird jeden Monat neu erstellt, die beste Empfehlung ist jedoch das Vier-Gänge-Menü zu bestellen, das immer wieder überrascht und sättigt.

53 IL BUCO

Die 5 authentischsten DÄNISCHEN HOTDOGS

56 **JOHN'S HOTDOG DELI**
Bernstorffsgade
Kopenhagen K ①
+45 3132 5848

Der Stand befindet sich direkt vor dem Kopenhagener Hauptbahnhof, gegenüber den Tivoli-Gärten. John's Deli ist eine Art Wahrzeichen und bring die ohnehin bereits hoch entwickelte Kultur dänischer Hotdogs mit hausgemachten Soßen und ausgewählten Fleischsorten in eine neue Dimension.

57 **HARRY'S PLACE**
Nordre Fasanvej 269
Kopenhagen N ④
+45 2015 1960
www.harrysplace.dk

Harry's Place versorgt seit über 50 Jahren Pendler, Arbeiter und bislang mindestens zwei dänische Premierminister mit dem klassischen Hotdog im Kopenhagener Stil. Star der Speisekarte ist die große »Børge«-Wurst, die man – so sagen die Einheimischen – am besten mit Harrys spezieller »Schießpulver-Soße« und einem Glas Schokoladenmilch genießt.

58 **PØLSE KOMPAGNIET**
Gothersgade 154 St Tv
Kopenhagen K ①
+45 3140 8899
www.polsekompagniet.dk

Pølse Kompagniet (»die Wurstfirma«) ist Kopenhagens feinster Hotdog-Stand, weil er frisch gebackenes Brot, hausgemachte Dips und Bio-Würste, hergestellt nach französischen, marokkanischen und italienischen Rezepten, kombiniert.

59 **DEN ØKOLOGISKE PØLSEMAND**
Amagertorv 31
Kopenhagen K ①
+45 3020 4025
www.doep.dk

Von den Einheimischen DØP genannt und mit einigen Preisen ausgezeichnet, profiliert sich dieser Imbiss als Avantgarde des neuen dänischen Hotdog-Wagens. Alle verarbeiteten Nahrungsmittel sind 100 Prozent ökologisch. DØP-Hotdog-Wagen findet man in der Nähe des Rundetårn und der Helligaandskirken (Kirche des Heiligen Geistes).

60 **NYHAVN PØLSEVOGNS**
NAHE DER METROSTATION KONGENS NYTORV
Kopenhagen K ①

Eine der malerischsten Szenen Kopenhagens setzt sich aus den bunten Häusern, Booten und Fahrrädern Nyhavns zusammen. Neben historischer Architektur und Bars voller Touristen beheimatet Nyhavn aber auch ein paar sehr gute *pølsevogns* (Würstchenwagen), die allesamt köstliche Hotdogs zubereiten. Und nebenbei kann man den herrlichen Ausblick genießen.

59 DEN ØKOLOGISKE PØLSEMAND

Die 5 besten

ASIATISCHEN RESTAURANTS

61 **LÊLÊ STREET KITCHEN**
Østerbrogade 56
Kopenhagen Ø ⑤
+45 5373 7345
www.lele.dk

Die mit Preisen ausgezeichneten Lêlê-Lokale haben ihren Ursprung in einem kleinen vietnamesischen Takeaway-Shop und sind heute überall in der Stadt zu finden – und das mit gutem Grund. Im Laden an der Østerbrogade kann man entweder vor Ort speisen oder die herrlichen hausgemachten Gerichte der Familie Lê bei einem Picknick am Ufer des Østerbro Sees, gleich gegenüber, verkosten.

62 **AROII**
Guldbergsgade 23
Kopenhagen N ④
+45 3535 9505
www.aroii.dk

Mit drei Lokalen in Kopenhagen (und noch etlichen mehr in Planung) etabliert sich Aroii rasch zu Kopenhagens beliebtester Gruppe asiatischer Bistros. Zu Beginn war das Aroii der kleine Bruder des Michelin-ausgezeichneten (und teuren) Restaurants Kiin Kiin, der einfach alles richtig gemacht hat. Empfehlung des Hauses: das berühmte Rote Curry.

63 CAFÉ LOPPEN

Sydområdet 4e
Christiania
Christianshavn ②
+45 4118 4116
www.cafeloppen.com

Das Café Loppen ist ein Juwel, das sich in der Freistadt Christiania versteckt. Die thailändischen Spezialitäten sind legendär und authentisch – geschmackvolle Gerichte in einem historischen und einmaligen Ambiente.

64 NAMNAM

Vesterbrogade 39
Kopenhagen V ③
+45 4191 9898
www.restaurant namnam.dk

Die Speisekarte im Namnam vereint das Beste der chinesischen, singapurischen und indonesischen Küche – die offizielle Bezeichnung: Peranakan-Küche. Und weil zudem Starkoch Claus Meyer zum Kreis der Besitzer zählt, kann man getrost vertrauen, dass alle Speisen mit Kreativität und Fachkenntnis zubereitet werden.

65 SLURP RAMEN JOINT

Nansensgade 90
Kopenhagen K ①
+45 5370 8083
www.slurpramen.dk

2016 und 2017 ist die traditionelle japanische Küche endlich in Kopenhagen angekommen. Im Slurp Ramen Joint wird alles selbst hergestellt, was dem Konzept schon wieder ein wenig vom »neuen Nordischen« verleiht.

64 NAMNAM

Die 5 besten Restaurants *im* VIERTEL KØDBYEN

66 **HIJA DE SANCHEZ**
Slagterboderne 8
Kopenhagen V ③
+45 5373 9510
www.hijadesanchez.dk

Hija de Sanchez eröffnete im Jahr 2016 und stopfte damit ein großes Loch in der Kopenhagener Foodie-Szene: Bis dahin gab es nämlich kein hochqualitatives, frisches mexikanisches Essen. Der mexikanisch-amerikanische Koch und Eigentümer Rosio Sanchez, der im Noma gelernt hat, und seine *taqueria* (Taco-Stand) verdienen den Hype, den sie unter ihren Gästen auslösen. In ganz Kopenhagen gibt es garantiert keine authentischere mexikanische Küche.

67 **KUL**
Høkerboderne 16B–20
Kopenhagen V ③
+45 3321 0033
www.restaurantkul.dk

Die Speisekarte liest sich wie eine internationale Verherrlichung aller Nahrungsmittel, die man auf den Grill legen kann. Das Kul gilt als Spitzenrestaurant in der Kødbyen und wird von zwei Michelin-ausgezeichneten Chefköchen geführt, die eine fantastische Auswahl an Menüs anbieten – von singapurischen Spareribs über Hummersalat bis zu *jamón ibérico* (spanischem Rohschinken).

68 **BIOMIO**

Halmtorvet 19
Kopenhagen V ③
+45 3331 2000
www.biomio.dk

Kopenhagen ist eine der grünsten Städte dieser Welt, und BioMio ist Kopenhagens grünstes Restaurant: Holztische aus nachhaltiger Forstwirtschaft, energiesparende Lampen, ökofreundliche Cocktails und ein komplett biologisches Menü, das selbstverständlich gemüselastig ist. Die beste Nachricht ist: Das Essen schmeckt wundervoll. Tipp: die Massen vermeiden und mittags hingehen.

69 **MOTHER**

Høkerboderne 9-15
Kopenhagen V ③
+45 2227 5898
www.mother.dk

Diese Pizzeria wurde von einer römischen Auswanderin in Kopenhagen gegründet. Mother backt Pizza einfach so, wie es sich gehört: mit frischen Zutaten und einer neapolitanischen Kruste im Holzofen. Kein Wunder, dass die Kopenhagener für diese Pizza bis um den Block anstehen – zweifelsohne ist es die beste in der Stadt. Tipp: Probieren Sie Mothers einzigartigen Brunch, an den Wochenenden von 11 bis 15 Uhr.

70 **GORILLA**

Flæsketorvet 63
Kopenhagen V ③
+45 3333 8330
www.restaurantgorilla.dk

Die vielseitige Speisekarte im Gorilla hat sich die Filetstücke aus verschiedenen internationalen Küchen herausgesucht. Zu finden sind – wenngleich nicht ausschließlich – Klassiker aus der asiatischen, südamerikanischen und neuen nordischen Küche. Am besten bestellt man gleich mal die herrlichen Snackplatten 10 oder 15, die den ganzen Tisch mit Leckerbissen versorgen.

68 BIOMIO

Die 5 besten Orte für
KEBAB UND SCHAWARMA

71 **AHAAA**
Blågårdsgade 21
Kopenhagen N ④
+45 3539 0085
www.ahaaa.dk

Das Stadtviertl Nørrebro gilt als Kopenhagens Epizentrum für die Küche aus dem Nahen Osten. Das Ahaaa ist in dieser Gegend der beste Tipp, wenn die Zutaten frisch, die Portionen großzügig und das Ambiente lebendig sein sollen. Es liegt in der Blågårdsgade, einer Fußgängerzone mit künstlerischem Charme. Verzehren Sie am besten eine der großen Platten an den Tischen draußen vor dem Café.

72 **LIBAN CUISINE**
Rantzausgade 1
Kopenhagen N ④
+45 3811 5050

Die bunten libanesischen Gerichte im Liban sehen – vergleicht man sie mit Gerichten in ähnlichen Etablissements – erfrischend abwechslungsreich aus. Der Großteil der libanesischen Küche ist »vegetarierfreundlich«. Liban serviert für Fleischesser aber auch exzellente Schawarmas und Burger, die man vor Ort verspeisen oder mitnehmen kann.

73 **KEBABISTAN**
Istedgade 105
Kopenhagen V ③
+45 3322 8993

In Kopenhagen gibt es mehrere Kebabistan-Shops, und allesamt sind bei den Einheimischen beliebt, ob bei Tag oder bei Nacht. Es sind echte Takeaways, und Sie werden wohl für Ihr Essen anstehen müssen (eigentlich ein gutes Zeichen, oder?). Empfehlung: Schawarma oder Falafel im frischen Brot.

74 **LA CENTRALE**
Nørrebrogade 31
Kopenhagen N ④
www.lacentrale-2200.dk

Dieser familiengeführte Laden liegt auf der belebten Hauptstraße von Nørrebro, dort, wo die Kunden sehr anspruchsvoll sind und die Konkurrenz unter den vielen arabischen Lokalen groß. Aber Mahir und sein Team haben allen gezeigt, dass sie gekommen sind, um zu bleiben. Sehr zu empfehlen sind die gebackenen Auberginen sowie jede einzelne der großzügigen Platten des Hauses.

75 **PASHA KEBAB**
Enghavevej 57
Kopenhagen V ③
+45 3918 1122
www.pasha-kebab.dk

Lassen Sie sich nicht von den künstlichen Neonlichtern abschrecken, Pasha Kebab ist ein echtes Original. Die Einheimischen lieben das Lokal – auch, weil die meisten Gerichte direkt über offenem Kohlefeuer gegrillt werden, was das Fleisch ganz besonders schmackhaft und den Kunden – beinahe – abhängig macht. Tipp: Die Nummern 27 und 30 sind schlicht und einfach fantastisch.

Die 5 besten

BURGERLOKALE

76 **TOMMI'S BURGER JOINT**
Høkerboderne 19-23
Kopenhagen V ③
+45 3514 4421
www.burgerjoint.dk

In ganz Kopenhagen gibt es keinen cooleren Ort, um Burger zu essen. Das Tommi's liegt im wiederbelebten Viertel Kødbyen und serviert ehrliche American-Style-Burger (das Brot ist unglaublich!) mit Fritten und einem Softdrink unter 100 Kronen. Die Einheimischen sind ganz vernarrt in Tommi's.

77 **GRILLEN**
Nørrebrogade 13
Kopenhagen N ④
+45 3535 3569
www.grillenburgerbar.dk

Grillen liegt am Ende der bunten Nørrebrogade und ist eines der am schnellsten wachsenden Burger-Lokale der Stadt. Dank der überzeugenden Qualität seiner Gerichte, des schicken Interieurs und der günstigsten Preise hat Grillen die Einheimischen geschmacklich zur Gänze überzeugt.

78 **GASOLINE GRILL**
Landgreven 10
Kopenhagen K ①
www.facebook.com/gasolinegrill

Kopenhagens neueste Burger-Idee ist in eine alte Tankstelle eingezogen. Bio-Zutaten, faire Preise, freundliches Personal und kreative »Burger des Tages« haben es sogar geschafft, die Angestellten von Noma hierher zu locken, wenn ihnen der Sinn nach Burgern steht.

79 SPORVEJEN

Gråbrødretorv 17
Kopenhagen K ①
+45 3313 3101
www.sporvejen.dk

In der ganzen Stadt gibt es kein derart einzigartiges Lokal wie Sporvejen – eine Burger-Bar, die in einen ausrangierten, historischen Wagen der Straßenbahn gebaut wurde. Der thematische Kitsch der Einrichtung sollte nicht davon ablenken, dass die Burger hier authentisch, groß und preisgünstig sind.

80 FISCH-ART AT COPENHAGEN STREET FOOD

PAPER ISLAND
Trangravsvej 14
Christianshavn ②
+45 3393 0706

Das deutsche Paar, das das Fisch-Art leitet, produziert die wohl kreativsten, vielleicht auch leckersten Burger Kopenhagens. Die beste Empfehlung ist der aufgetürmte »Surf & Turf Burger«, ein Rindfleisch-Burger, der mit in Whiskey marinierten Zwiebeln, Speck und gegrillten Shrimps belegt und auf hausgemachtem Sauerteigbrot serviert wird.

76 TOMMI'S BURGER JOINT

5 STÄNDE IN DEN TORVEHALLERNE,

die man besuchen muss

Torvehallerne
Frederiksborggade 21
Kopenhagen K ①

81 **MA POULE**
+45 2763 1981

Ma Poule bringt mit seiner Auswahl an Käse, Pasteten, Foie gras und Weinen sowie seinem ausschließlich französischen Team das Feeling eines französischen Marktes nach Kopenhagen. Das Sandwich mit Entenkonfit in Curry wird oftmals zum besten Kopenhagens gekürt.

82 **STIGS OLIVEN**

Hier ist richtig, wen handgemachtes Olivenöl und exzellente Gewürzmischungen interessieren oder wer verschiedene Olivensorten probieren will. Das Personal bietet Kostproben an, bis der Geschmack des Kunden getroffen wird.

83 **TAPA DEL TORO**
+45 3122 1911
www.tapadeltoro.dk

Tapa del Toro ist der wohl beste Ort in Kopenhagen, um die Sonnenküche Spaniens zu probieren. Einfach bis zur Bar vorarbeiten und die Kellner nach den Tagesempfehlungen fragen, denn das Tapas-Menü wechselt mit der Jahreszeit.

84 **GRANNYS HOUSE**
www.grannyshouse.dk

In Kopenhagen gibt es viele sehr gute Bäckereien, von modern bis altmodisch – das eigenwillige Grannys House positioniert sich irgendwo dazwischen. Das Personal ist freundlich, die Inneneinrichtung kitschig, aber am Ende zählt, dass das Brot hervorragend schmeckt.

85 **NOORBOHANDELEN**
+45 5178 0448
www.noorbohandelen.dk

Der Kunde sucht die Flasche und seinen bevorzugten Likör oder Schnaps aus, dann übernimmt das Team von Noorbohandelen. Dieser einzigartige Spirituosenhandel bietet ein weites Spektrum an alkoholischen Spezialitäten, die aus Kleinproduktionen stammen oder limitierte Auflage haben – man kann sie probieren, sammeln, mitnehmen und genießen oder verschenken.

TORVEHALLERNE

Die 5 besten Lokale für

GUTE UND GÜNSTIGE MAHLZEITEN

86 **GRØD**
Jægersborggade 50
Kopenhagen N ④
+45 5058 5579
www.groed.com

Grød ist Kopenhagens sicherster Tipp für warme, schmackhafte, gesunde und günstige Wohlfühlgerichte. Das Team verwandelt die Zubereitung von Hafermus in eine Art Kunst á la Kopenhagen. Empfehlung: Bestellen Sie das *bygotto* (Risotto) mit Artischocken, frischem Thymian und Ricotta-Käse.

86 GRØD

87 ABSALON CPH

Sønder Blvd. 73
Kopenhagen V ③
www.absaloncph.dk

Auswärts zu essen, ist in Kopenhagen nie billig, aber manche Lokale schaffen es immer noch, Wohlschmeckendes günstig anzubieten. Eine sehr kreative Einrichtung ist das Absalon CPH, eine Kirche, die in ein Gemeindezentrum umgewandelt wurde. Absalon veranstaltet eine Reihe von lustigen Events am Abend und serviert täglich großartige Abendmenüs.

88 LA NETA

Nørrebrogade 29
Kopenhagen N ④
+45 3112 0105
www.mikkeller.dk/la-neta

Im mexikanischen Slang heißt »neta« Wahrheit, und der Neuzugang in der ethnischen Food-Szene von Nørrebrogade ist wahrhaftig der richtige Ort für hervorragendes Essen und Getränke zu einem fairen Preis. Kein Wunder, dass La Neta Tag und Nacht gut besucht ist.

89 UN MERCATO

Torvehallerne
Frederiksborggade 21
Kopenhagen K ①
+45 5114 4466

Das Mittagsmenü an diesem Stand ist unglaublich: ein handgemachtes Sandwich, frisch hergestellte Rosmarin-Fritten und ein Glas Wein für nur 115 Kronen. Wem der Sinn nach Dekadenz steht, der sollte die Bällchen aus Lammfleisch und Safran-Risotto probieren.

90 RAMEN TO BÍIRU

Griffenfeldsgade 28
Kopenhagen N ④
+45 5053 0222
www.ramentobiiru.dk

Dieser lässige, vegetarierfreundliche Ramen-Shop entstand in Partnerschaft zwischen einem japanischen Koch und Mikkeller-Bier, und so findet jedes schmackhafte Ramen-Gericht sein passendes Flaschen- oder Fassbier. Ganz im japanischen Stil herrschen hier klare Regeln: Wer zuerst kommt, mahlt zuerst.

Die 5 besten Tipps für

SÜSSE LECKEREIEN

91 **CONDITORIET LA GLACE**
Skoubogade 3
Kopenhagen K ①
+45 3314 4646
www.laglace.dk

Seit fast 150 Jahren erschafft Conditoriet La Glace Kopenhagens exquisiteste Hochzeitstorten, Kleingebäck und bunte Leckereien. Traditionsgeladen und im Charme der Alten Welt fühlt sich der Genuss von Kaffee und Kuchen in dieser Konditorei fast ein wenig wie eine (kalorienreiche) Zeitreise an.

92 **BERTELS KAGER**
Falkoner Allé 54
Frederiksberg ⑥
+45 3313 0033
www.bertelskager.dk

Mit über 100 verschiedenen Rezepten im Repertoire (teils nur saisonal erhältlich) garantiert Bertels Käsekuchen-Laden, dass jedes Leckermaul fündig wird – auch dann, wenn einen die Lust auf Süßes erst am Abend überkommt: Die preisgekrönte Bäckerei hat meist lange geöffnet.

93 **PETER BEIER CHOKOLADE**
Nordre Frihavnsgade 20
Kopenhagen Ø ⑤
+45 3538 0110
www.pbchokolade.dk

Seit 1996 ist Peter Beier DER Inbegriff für handgemachte dänische Schokolade. Für Kopenhagen-Besucher ist es ein Glücksfall, dass Peter Beiers Delikatessen – mit Zutaten aus nachhaltigem Anbau unter strengen ethischen Auflagen produziert – nun auch Teil des Sortiments anderer exklusiver Geschäfte sind.

94 **LECKERBAER**
Ryesgade 118
Kopenhagen Ø ⑤
+45 2840 4864
www.leckerbaer.dk

Leckerbaer, ein herrlich einzigartiger Süßwarenladen, ist in einer ehemaligen Metzgerei am Nordostende der Kopenhagener Seen untergebracht. Was ihn von anderen Bäckereien unterscheidet, ist die schiere Vielfalt an kreativen Zuckerwaren (viele von ihnen gibt es nirgendwo anders), unter anderem Cookies, Mini-Kuchen, Windbeutel und Früchtetörtchen in allen Farben des Regenbogens.

95 **THE DONUT SHOP**
Larsbjørnsstræde 8
Kopenhagen K ①
+45 2629 7918
www.thedonutshop.dk

Die Füllungen wechseln täglich und das Angebot überrascht oft mit neuen Kreationen, in die man sich verlieben muss. Empfehlung: das »coco loco« (irre Kokosnuss) und Marzipan-Karamel-Fudge.

91 CONDITORIET LA GLACE

Die 5 besten Orte für den
SONNTAGSBRUNCH

96 **CAFÉ JORDEN RUNDT**
Strandvejen 152
Charlottenlund ⑧
+45 3963 7381
www.cafejordenrundt.dk

Das Café liegt am Strandvejen – Kopenhagens schöner Küstenstraße – und besticht mit seiner rundum gläsernen Front; eigentlich ist dort immer viel los, aber an sonnigen Sonntagen belegen Gruppen von Fahrradfahrern regelrecht das Lokal, um sich nach ihrer Radtour auf der Terrasse zu stärken. Doch auch bei schlechtem Wetter ist Jorden Rundt immer ein Klassiker für den Sonntagsbrunch.

97 **RESTAURANT CHARLOTTENLUND FORT**
Strandvejen 150
Charlottenlund ⑧
+45 3962 2263
www.charlottenlundfortet.dk

Die Aussicht übers Wasser in Richtung Schweden und der günstige Brunch sind das Markenzeichen von Charlottenlund Fort. Der Brunch wird als Büfett serviert und ist bis ins Detail perfekt. Auf jeden Fall vorab buchen.

98 **WULF & KONSTALI FOOD SHOP**
Lergravsvej 57
Kopenhagen S ⑦
+45 3254 8181
www.wogk.dk

Der Brunch bei Wulf & Konstali ist wohl der meist fotografierte der Stadt und hat seinen guten Ruf verdient. Das Lokal macht einfach alles richtig: vom »Erstelle dir deinen eigenen Brunch«-Stil über das schicke Interieur bis zum hervorragenden Bäckerei-Café.

99 **KALASET**
Vendersgade 16
Kopenhagen K ①
+45 3333 0035
www.kalaset.dk

Der Name dieses vielseitigen, zentral liegenden Cafés bedeutet »Party« auf Schwedisch und füllt sich am Wochenende mit hungrigen »Partygängern«. Das teilweise unterirdisch liegende Lokal ist bekannt für seine freundliche, nachbarschaftliche Stimmung und die gute vegetarische Auswahl auf der Speisekarte.

100 **CAFÉ HØEGS**
Enghavevej 20
Kopenhagen V ③
+45 3331 3489
www.hoegs.dk

Das Café Høegs versteckt sich zwischen den zwei geschäftigen Vierteln Vesterbro und Frederiksberg. Mit seiner großen Auswahl an Getränken und dem guten Ruf der schmackhaften Gerichte ist es ein ideales Plätzchen für einen langen, sündigen Sonntagsbrunch, vor allem, wenn die Sonne scheint.

98 WULF & KONSTALI

121 **BANG & JENSEN**

60 ORTE FÜR EINEN DRINK

Die 5 besten dänischen MIKRO-BRAUEREIEN

101 **NØRREBRO BRYGHUS**
Ryesgade 3
Kopenhagen N ④
+45 3530 0530
www.noerrebrobryghus.dk

Diese gefeierte Brauerei gibt es seit 2003, und seither hat sie über 200 verschiedene Biere gebraut, getreu den amerikanischen, deutschen und belgischen Traditionen. Tipp: Einen Tisch auf dem Balkon buchen, von dort kann man die Brauanlagen in voller Funktion sehen.

102 **MIKKELLER BAR**
Viktoriagade 8 B-C
Kopenhagen V ③
+45 3331 0415
www.mikkeller.dk

Mikkeller ist derzeit der Liebling der Kopenhagener Brauszene. Die Kreationen des Gründers Mikkel Borg Bjergsø werden jetzt schon in 30 Länder exportiert. Der Bierbrauer bricht zur Freude seiner Fans oft mit Konventionen und überrascht sie mit innovativem Gebräu.

103 **TAPPERIET BRUS**
Guldbergsgade 29F
Kopenhagen N ④
+45 7522 2200
tapperietbrus.dk

Tapperiet BRUS wurde 2017 zum besten Bierlokal Kopenhagens gewählt und betreibt auch eine Brauerei, die mit einem gewaltigen Brauvolumen beeindruckt. Für das Pub wurde eine ehemalige Eisengießerei umgebaut, was dem Brauen und Genießen von Bier einen originellen Rahmen setzt – ein modernes, gemütliches Pub im skandinavischen Stil.

104 **WARPIGS**
Flæsketorvet 25–37
Kopenhagen V ③
www.warpigs.dk

Das Ergebnis einer Zusammenarbeit zwischen Mikkeller und der amerikanischen Brauerei 3Floyds ist ein neues Grillrestaurant im texanischen Stil mit eigener Mikrobrauerei. Warpigs bietet dem Bierliebhaber eine breite Auswahl an eigenen Bieren, die perfekt zur Spezialität des Hauses passen: geräuchertes Fleisch.

105 **ØLSNEDKEREN**
Griffenfeldsgade 52
Kopenhagen N ④
www.olsnedkeren.dk

Seit 2012 hat das Team der Mikrobrauerei Ølsnedkeren (»Bier-Schreiner«) eine starke Fangemeinde unter den Einheimischen. Tipp: Während der Happy Hour am Montag gibt es ein großes Bier für den Preis eines kleinen.

102 MIKKELLER BAR

Die 5 besten

JAZZ- UND BLUESBARS

106 **JAZZHUS MONTMARTRE**
Store Regnegade 19A
Kopenhagen K ①
+45 2790 3063
www.jazzhus montmartre.dk

Seit den späten 1950er-Jahren ist Jazzhus Montmartre das Epizentrum des Jazz in Kopenhagen. In den 1960er-Jahren traten dort Größen wie Dexter Gordon, Ben Webster, Stan Getz, Kenny Drew und viele mehr auf. Heute werden im historischen Club abends Musicals gespielt, untertags ist es eine Café-Bar.

107 **BEVAR'S**
Ravnsborggade 10B
Kopenhagen N ④
+45 5059 0993
www.bevars.dk

Bevar's it ein eher unauffälliges, aber schickes Nachbarschaftscafé, das seinen Gästen anbietet, im Café zu arbeiten, Meetings abzuhalten oder zu lernen. An ein paar Abenden pro Woche verwandelt es sich in eine Bühne, die das Publikum mit kostenlosen Jazzdarbietungen unterhält.

108 KIND OF BLUE

Ravnsborggade 17
Kopenhagen N ④
+45 2635 1056
www.kindofblue.dk

Auch wenn der Name von Miles Davis berühmtem Album stammt, ist die Bar nicht nur auf Jazz fixiert. Jazzfreunde sollten trotzdem den Weg in die Ravnsborggade einschlagen, weil am Abend oft Live-Jazz geboten wird. Die Stimmung, die netten Einheimischen und das Bier hier sind immer eine Freude.

109 PALÆ BAR

Ny Adelgade 5
Kopenhagen K ①
+45 3312 5471
www.palaebar.dk

Es ist wohl wahr, dass diese noble Bodega vornehmlich von der lokalen und reiferen Bevölkerung frequentiert wird, die hier politisiert, Schach spielt oder über Jazz diskutiert. Aber die Palæ Bar ist auch der offizielle Veranstaltungsort des jährlichen Kopenhagener Sommer-Jazzfestivals. Auch unter dem Jahr finden hier immer wieder Jazzkonzerte statt.

110 MOJO BLUES BAR

Løngangstræde 21C
Kopenhagen K ①
+45 3311 6453
www.mojo.dk

Diese raue, altehrwürdige Bluesbar ist ein Garant für gute Livemusik-Unterhaltung in der Stadt – fast jeden Abend finden Blues-, Jazz-, Rock-, Zydeco- und Bluegrass-Konzerte statt. Man sollte im Mojo keinen Schnickschnack erwarten, nur ein rauchiges Ambiente, ein paar klassische Drinks und soulige Musik.

Die 5 angesagtesten
COCKTAILBARS

111 **LIDKOEB**
Vesterbrogade 72B
Kopenhagen V ③
+45 3311 2010
www.lidkoeb.dk

Lidkoeb liegt versteckt in einem historischen Gebäude. Es herrscht romantische Stimmung, man ist umhüllt von makellosem dänischem Design. Dazu gibt es leckere Mixgetränke und hausgemachte Biere. Tipp: Besuchen Sie die fantastische Whiskey-Bar im obersten Stock.

112 **RUBY**
Nybrogade 10
Kopenhagen K ①
+45 3393 1203
www.rby.dk

An der Tür steht kein Name, kein Zeichen deutet den Weg: Man muss das Ruby einfach so lange suchen, bis man es findet. Dann betritt man Kopenhagens legendärsten Ort für Cocktails. Die Bar fasziniert ihre Stammgäste mit sanft beleuchteten Räumen, freundlicher Stimmung und einer außergwöhnlichen, jahreszeitlich wechselnden Cocktailkarte.

113 **THE UNION KITCHEN**
Store Strandstræde 21
Kopenhagen K ①
+45 3314 5488
www.theunionkitchen.dk

Nachdem man eine unbeschriebene Tür, eine versteckte Klingel und steile Treppen in einen Keller überwunden hat, findet man sich in einer suspekten Kneipe wieder und atmet den Zeitgeist der Prohibition mit Vintage-Musik, gedimmtem Licht und Barpersonal in Lederkleidung.

114 DUCK AND COVER

Dannebrogsgade 6
Kopenhagen V ③
+45 2812 4290
www.duckandcoverbar.dk

Hinter dem Schein ihres kühlen, stark von den 1950er-Jahren geprägten Interieurs – man sollte sich Mad Men auf Skandinavisch vostellen – ist das Duck and Cover eine richtig freundliche, lockere Cocktailbar. Die Räumlichkeiten sind kuschelig, das Personal engagiert und die Musik passt immer zum unprätentiösen Ambiente der Bar.

115 CURFEW

Stenosgade 1
Kopenhagen V ③
+45 2929 9276
www.curfew.dk

Diese Räume haben seit dem Beginn des 20. Jahrhunderts schon einige Bars beheimatet und viele Helden und Missetäter trinken sehen – man achte nur auf die Einschusslöcher in den Wänden. Empfehlung: der »Unfaithful« (der Untreue) mit Hendrick's Gin, Gurke, Zitronensaft, Cointreau, roher Lakritze und Honig.

112 RUBY

Die 5 beliebtesten

KNEIPEN DER EINHEIMISCHEN

116 **MC.KLUUD**
Istedgade 126
Kopenhagen V ③
+45 3331 6383
www.mckluud.dk

In Kopenhagen unterscheiden sich Bodegas aus folgenden Gründen klar von anderen Arten von Bars: Erstens servieren Bodegas vornehmlich – manchmal auch ausschließlich – Bier. Zweitens darf man in den meisten Bodegas rauchen. Und drittens werden Bodegas meist von Einheimischen frequentiert. Das im Westernstil gehaltene Mc.Kluud an der Istedgade ist das klassische Beispiel einer dänischen Bodega, in der günstige Drinks, Jukebox-Klänge und ein freundliches Vintage-Ambiente den Ton angeben.

117 **VINSTUE 90**
Gammel Kongevej 90
Frederiksberg ⑥
+45 3331 8490
www.vinstue90.dk

Die Stimmung in dieser Bierkneipe ist schon seit 1916 einfach und ehrlich. Heute rühmt sie sich vor allem ihres nicht mit Kohlensäure versetzten »slow beers«, der Spezialität des Hauses. Die langsame Version eines Carlsberg ist weicher und cremiger und trägt eine Schaumkrone. Das Zapfen dieses Biers dauert ganze 15 Minuten.

118 **DYREHAVEN**
Sønder Boulevard 72
Kopenhagen V ③
www.dyrehavenkbh.dk

Dyrehaven ist eine Nachbarschaftskneipe, die sich zur modernen Bar gemausert hat. Hier gibt es den ganzen Tag gutes Essen, auch das traditionelle *smørrebrød*. Das Publikum ist jung und hip.

119 **ALLÉENBERG**
Allégade 4
Frederiksberg ⑥
+45 3325 4442
www.alleenberg.dk

Die dunkle Ausstattung, die alten Möbel und ein stetiges Kommen und Gehen der Stammgäste verleihen diesem ehrwürdigen Pub (1924 eröffnet) eine ganz besondere, gemütliche Atmosphäre. Tipp: Fragen Sie beim Personal nach, warum der Spitzname der Bar »der Psychopath« ist.

120 **ROSENGÅRDENS BODEGA**
Rosengården 11
Kopenhagen K ①
+45 3312 4625

Das Pub im Zentrum ist berühmt für seine dunkle Inneneinrichtung, die Fenster aus buntem Glas, einfaches Essen und ein paar Tische und Stühle auf dem Bürgersteig. Rosengårdens ist die schnuckeligste aller Bars – und hier gibt es neben der ausführlichen Bierkarte auch Wein.

118 DYREHAVEN

Die 5 besten

BIERKNEIPEN

121 **CAFÉ BANG & JENSEN**
Istedgade 130
Kopenhagen V ③
+45 3325 5318
www.bangogjensen.dk

Diese schräge Bar ist ein beliebter Treffpunkt für Vesterbros Hipster, Studenten und Bierliebhaber. Bang & Jensen ist in einer alten Apotheke untergebracht. Der Stil ist moderat modern, und die Küche kredenzt einfache Gerichte auf hohem Niveau – vor allem zum Brunch am Wochenende. Die Liste der herausragenden Biere in der Flasche oder aus dem Fass ist lang, die Preise sind fair.

122 **ØRSTED ØLBAR**
Nørre Farimagsgade 13
Kopenhagen K ①
+45 3393 6575
www.oerstedoelbar.dk

Die neu renovierte Ørsted Ølbar serviert eine riesige Auswahl an Bieren: Stolze 100 Flaschenbiere und 20 weitere aus dem Fass inklusive Mikkeller können hier probiert werden. Die Ørsted Ølbar liegt gegenüber dem hübschen Ørsted Park – weitab der üblichen touristischen Pfade – und wird auch deshalb gerne von Einheimischen besucht.

123 JERNBANECAFEEN

Reventlowsgade 16
Kopenhagen V ③
+45 3321 6090
www.jernbanecafeen.dk

Das belebte Jernbanecafeen, bereits seit 1933 geöffnet, liegt im Westen des Kopenhagener Hauptbahnhofes und wird auch als »Railroad Pub« bezeichnet. Diese Bodega schließt erst spät in der Nacht und rühmt sich einer langen Liste dänischer Biere vom Fass, einschließlich einer Reihe von eigenen Hausbieren, die von Thisted Bryghus gebraut werden.

124 SØERNES ØLBAR

Sortedam Dossering 83
Kopenhagen K ①
+45 3219 6380
www.soernesoelbar.dk

Søernes Ølbar ist die am See gelegene Schwesterbar von Ørsted Ølbar und somit auch eine der besten Bierkneipen der Stadt. Die beeindruckende Karte an Fass- und Flaschenbieren, die stets erweitert wird, und seine schöne Lage am See laden zu einer vergnüglichen Trinkrunde ein. Übrigens werden hier auch Sportereignisse live übertragen – nur für den Fall, dass ein wichtiges Spiel ansteht.

125 BERLIN BAR

Gammel Kongevej 147
Frederiksberg ⑥
+45 3252 0171
www.berlin-bar.dk

Die Berlin Bar ist die einzige deutsche Bierkneipe in Kopenhagen. Mit mehr als 100 Flaschenbieren und weiteren 15 Sorten vom Fass lädt sie in ein gemütliches Eckkneipen-Ambiente, das allzu gerne Live-Fußballübertragungen, gute Musik und herrliches deutsches Bier mit seinen Gästen teilt.

Die 5 schicksten
HOTELBARS

126 **SKOVSHOVED BAR**
SKOVSHOVED HOTEL
Strandvejen 267
Charlottenlund ⑧
+45 3964 0028
www.skovshovedhotel.dk

An diesem historischen Hotel am Wasser ist einfach alles romantisch. Glücklicherweise muss man nicht unbedingt Hunderte von Euros für eine Übernachtung aufbringen, um dessen Charme zu genießen. Die Weinbar lädt nämlich auch externe Gäste dazu ein, das Ambiente auf der sonnigen Terrasse oder in der Kaminlounge zu genießen.

127 **NIMB BAR**
NIMB HOTEL
Bernstorffsgade 5
Kopenhagen K ①
+45 8870 0000
www.nimb.dk

Im preisgekrönten Nimb Hotel dreht sich alles um Eleganz und Luxus, und so ist die Nimb Bar im alten Ballsaal des Hotels ein Ort purer Finesse. Der offene Kamin, die funkelnden Kronleuchter und die prächtigen Blumenarrangements schaffen eine luxuriöse Atmosphäre.

128 **BALTHAZAR**
HOTEL D'ANGLETERRE
Ny Østergade 6
Kopenhagen K ①
+45 3312 1262
www.balthazarcph.dk

Das elegante Hotel d'Angleterre, die Grande Dame unter Kopenhagens Nobelhotels, liegt am Kongens Nytorv. Das vornehme Balthazar im Hotel präsentierte sich als erste Champagnerbar der Hauptstadt und kann mehrere Dutzend Sorten anbieten.

129 **THE LIBRARY BAR**
COPENHAGEN PLAZA HOTEL
Bernstorffsgade 4
Kopenhagen K ①
+45 3314 9262
www.librarybar.dk

Dunkle Holzpaneelen, in Leder gebundene Bücher, klassische Gemälde und Chesterfield-Sofas machen The Library Bar zu einer der zeitlosesten Institutionen Kopenhagens. Die Bar ist ein wunderbarer Ort zum Entspannen. Manchmal wird auch Live-Jazz gespielt.

130 **BAR ROUGE**
SANKT PETRI HOTEL
Krystalgade 22
Kopenhagen K ①
+45 3345 9100
www.sktpetri.com

Die Bar Rouge im Designerhotel Sankt Petri ist eine erstklassige, moderne Bar mit dem Ruf, ausgezeichnete Cocktails zu mixen und damit internationale Gäste anzuziehen. Sie schließt dank der vielen Geschäftskunden im Hotel erst spätnachts und unterhält mit einer großzügigen Auswahl an Drinks und einem entspannten Lounge-Ambiente.

126 **SKOVSHOVED HOTEL**

Die 5 besten
WEINBARS

131 **MALBECK**
Istedgade 61
Kopenhagen V ③
+45 3331 1970
www.malbeck.dk

Vesterbros Weinbar Malbeck hat sich auf argentinische Weine, traditionelle Musik und eine warme, herzliche Stimmung spezialisiert. Tipp: Am ersten Freitag im Monat bietet Malbeck eine Weinprobe mit sechs bis acht Weinsorten für nur 150 Kronen an.

132 **BEAU MARCHÉ**
Ny Østergade 32
Kopenhagen K ①
+45 5577 1430
www.beaumarche.dk

Die kleine Weinstube liegt versteckt in einem ruhigen Innenhof. Es fühlt sich an, als ob ein kleines Stückchen Paris in Kopenhagens Zentrum verpflanzt worden wäre. Neben der herausragenden Weinkarte (die meisten Weine sind glasweise erhältlich) bietet Beau Marché französische Gerichte und Kaffee – ein perfekter Ort, um vor der Geschäftigkeit der Stadt zu flüchten.

133 VED STRANDEN 10

Ved Stranden 10
Kopenhagen K ①
+45 3542 4040
www.vedstranden10.dk

In Ved Stranden 10 wird Weintrinken zum Erlebnis. Es beginnt schon damit, dass die Bar eher wie das top gestylte Apartment eines guten Freundes aussieht als eine einfache Bar. Es ist wichtig, früh da zu sein und sogleich Fragen zu stellen: Die Sommeliers hier sind echte Experten, denen es sichtlich Freude bereitet, ihren Gäste näherzubringen, welche Weine sie warum probieren müssen.

134 VINBODEGAEN

Smallegade 39
Frederiksberg ⑥
+45 7070 7598
www.vinbodegaen.dk

Das urige Vinbodegaen ist der Neuzugang unter den Weinstuben der Stadt und gehört zu einer Gruppe von Weinbars und -restaurants, die alle dem dänischen Weinguru Kenn Husted gehören. Über 40 Weinsorten werden – auch glasweise – angeboten. Empfehlung: Bestellen Sie Fisch oder eine Platte Wurstspezialitäten zum Wein.

135 ANCESTRALE

Oehlenschlægersgade 12
Kopenhagen V ③
+45 6040 7414
www.ancestrale.dk

Diese Weinbar befindet sich in einer Straße mit einem schier unaussprechlichen Namen. Mit seinem guten Weinangebot und dem günstigen, schmackhaften Essen hat es das Ancestrale geschafft, sich als eine der besten Adressen für einen vergnüglichen Abend in Kopenhagen zu etablieren. Nicht verpassen sollte man Ancestrales tägliche Weinprobe mit drei Gläsern Wein für nur 100 Kronen.

Die 5 besten Orte für
BYOB
(bring your own beers)

136 **SØNDER BOULEVARD**
Kopenhagen V ③

Kopenhagens Gesetze zum Konsum von Alkohol in der Öffentlichkeit sind sehr lax. Vor allem im Sommer kann so ziemlich jeder Ort in der Stadt zur Outdoor-Bar mutieren. Einer der beliebtesten Plätze für einen spontanen Outdoor-Drink ist die Baumallee mitten im Sønder Boulevard, der 2007 in eine Grünzone umgebaut wurde.

137 **DRONNING LOUISES BRO**
Kopenhagen K ①

Diese Brücke verbindet Kopenhagens Stadtzentrum mit dem vielseitigen, künsterisch angehauchten Viertel Nørrebro. In den letzten Jahren hat es sich zum Treffpunkt für Studenten, Pärchen und Hipsters entwickelt, die hier in der Sonne sitzen und ein Sixpack genießen.

138 **ØSTRE ANLÆG PARK**
Stockholmsgade 20
Kopenhagen Ø ⑤

Dieser Park ist dank seiner verschlungenen Wege, großzügigen Wiesen und dem Blick auf die malerischen Stadtseen bei den Einheimischen sehr beliebt. Bei gutem Wetter eignet er sich perfekt für einen ausgiebigen Brunch in der Sonne.

139 SVANEMØLLEN-STRAND

Strandpromenaden 27
Kopenhagen Ø ⑤

Dieser neue Stadtstrand liegt an der nordwestlichen Seite von Østerbro mit Blick auf das Nordhavn-Viertel, das sich gerade stark entwickelt, und Schweden im Hintergrund. Wenn die Sonne scheint, füllen sich der Sandstrand und der Pier mit Sonnenanbetern, Schwimmern und grillenden Hauptstädtern.

140 DIE STUFEN AM HAFEN AM SØREN KIERKEGAARD PLADS

Kopenhagen K ①

Die Stufen am Hafen am Søren Kierkegaard Plads zählen zu den populärsten Treffpunkten im Zentrum Kopenhagens. Die einladende Terrasse, die sich zwischen der berühmten Königlichen Bibliothek und dem kugelrunden »Dome of Visions« erstreckt, wartet auf Besucher.

137 DRONNING LOUISES BRO

Die 5 besten

CAFÉS IM ZENTRUM

141 **DEMOCRATIC COFFEE BAR**
Krystalgade 15
Kopenhagen K ①
+45 4019 6237

Die Democratic Coffee Bar liegt gleich neben Kopenhagens belebter Zentralbibliothek und ist ein Muss für jeden Kaffeeliebhabern. Das Café serviert Kaffee aus vor Ort gerösteten Kaffeebohnen aus nur einem Ursprungsgebiet und darf seine Croissants offiziell als die besten der Stadt bezeichnen.

142 **COFFEE COLLECTIVE BERNIKOW**
Kristen Bernikows Gade 2
Kopenhagen K ①
+45 6015 1525
www.coffeecollective.dk

Bernikow treibt den Begriff Café-Bar auf die Spitze: Hier gibt es kalten Kaffee aus dem Zapfhahn, Kombucha-Kaffee, Bier mit Kaffee und Kaffee-Cocktails. Das warme und gemütliche Lokal hinter den roten Türen war einst eine historische Kopenhagener Bodega.

143 **CLARRODS INTERIOR**
Store Strandstræde 19
Kopenhagen K ①
+45 2282 8784
www.clarrods.com

Um die Ecke des touristischen Nyhavn liegt das schicke Clarrods mit seinen Ausstellungsräumen für Designerstücke. Neben dem herausragenden Kaffee und Essen ist es einer der wenigen Orte, wo man die dänischen Inneneinrichtungsstücke aus Rohholz erwerben kann, mit denen das Café ausgestattet ist.

144 FORLOREN ESPRESSO

Store Kongensgade 32
Kopenhagen K ①
www.forlorenespresso.dk

Jedes Getränk in dieser winzigen Café-Bar ist Ausdruck von Niels H. S. Nielsens Leidenschaft für die Kunst des Kaffeebrauens. Kaffeebegeisterte werden Besitzer Nielsens Anspruch, sein Laden sei nicht nur ein Café, sondern eine Café-Bar, gerne bestätigen.

145 ORIGINAL COFFEE IM ILLUM

Østergade 52
Kopenhagen K ①
+45 3318 2793
www.originalcoffee.dk

Original Coffee ist die neueste – und auch die beste – Kaffeekette, die gerade in ganz Kopenhagen Filialen eröffnet. Das Besondere an speziell dieser Café-Bar ist seine Lage im obersten Stockwerk des beeindruckenden Einkaufszentrums Illum. Tipp: Kommen Sie hierher, um einen Kaffee und den einzigartigen Blick über die Stadt zu genießen.

141 DEMOCRATIC COFFEE BAR

Die 5 besten

CAFÉS ABSEITS DES ZENTRUMS

146 **LA ESQUINA**
Ryesgade 76
Kopenhagen Ø ⑤
+45 3536 3336
www.laesquina.dk

La Esquina liegt ziemlich weit ab der touristischen Pfade, erfreut sich aber bei den Menschen, die in der Nähe wohnen und arbeiten, größter Beliebtheit – immer dann, wenn ihnen der Sinn nach gutem Kaffee, einem gesunden Mittagessen oder einem Glas spanischen Wein steht.

147 **KENT'S KAFFE LABORATORIUM**
Nørre Farimagsgade 70
Kopenhagen K ①
+45 3311 1315
www.kentkaffe laboratorium.com

Kent's KAFFE Lab ist halb Café, halb Laboratorium. Das Team bei Kent's nimmt das Thema Kaffee sehr ernst und diskutiert mit seinen Kunden gerne über das Wie, Warum und Wo ihrer Kaffeebohnen, Verarbeitungsprozesse und Herstellungsmaschinen.

148 **CENTRAL CAFÉ**
Tullinsgade 1
Kopenhagen V ③
+45 3321 0095
www.centralhotelogcafe.dk

Das Central Café an der Tullinsgade liegt unter dem sogenannten »kleinsten Hotel der Welt«, ist bei den Anwohnern äußerst beliebt und rühmt sich seiner Geschichte mit patriotischem Stolz. Tipp: Da es drinnen nur fünf Stühle gibt, setzt man sich besser gleich nach draußen, um auch etwas von der Stimmung der entzückenden Straße mitzubekommen.

149 **THE COFFEE COLLECTIVE**
Jægersborggade 10
Kopenhagen N ④
+45 6015 1525
www.coffeecollective.dk

Seit The Coffee Collective 2008 als erste offene Kaffeerösterei Kopenhagens an den Start ging, sind die Cafés in aller Munde. Jedes einzelne der preisgekrönten, nachhaltig orientierten Marke serviert herausragenden Kaffee. Aber nur das Lokal, das sich in der Jægersborggade befindet, profitiert von der herrlichen, nachbarschaftlichen Stimmung.

150 **PROPS COFFEE SHOP**
Blågårdsgade 5
Kopenhagen N ④
+45 3536 9955
www.propscoffeeshop.dk

Wer ein typisches Nachbarschaftscafé sucht, wird im Props Coffee Shop fündig. Es liegt in der Fußgängerzone der Blågårdsgade, versteckt zwischen Gallerien, Secondhandläden und dunklen Kneipen – einem Plätzchen also, dem es nicht an Einheimischen und lebendigen Gesprächen mangelt.

149 THE COFF

Die 5 gemütlichsten
CAFÉS BEI REGEN

151 **BASTARD CAFÉ**
Rådhusstræde 13
Kopenhagen K ①
+45 4274 6642
www.bastardcafe.dk

Bastard Café ist der ideale Ort für Brett- und Kartenspiele, Kaffee und *hygge* (Gemütlichkeit). Viele Spiele sind gratis, für manche muss man eine kleine Leihgebühr bezahlen, und Nicht-Spieler sind immer gerne dazu eingeladen, teilzunehmen und dazuzulernen.

152 **IPSEN & CO**
Gammel Kongevej 108
Frederiksberg ⑥
+45 3214 5527
www.ipsenogco.dk

Wer nach Frederiksberg fährt, sollte immer einen Besuch bei Ipsen & Co einplanen. Anfänglich nur eine Café-Bar, hat sich Ipsen & Co mit der Zeit einen Namen mit seinem Brunch, den Backwaren und dem urgemütlichen, rustikalen Interieur geschaffen. Empfehlung: der hausgemachte Glühwein.

153 **CAFE PIXIE**
Løgstørgade 2
Copenhagen Ø ⑤
+45 3930 0305
www.cafe-pixie.com

Wenn Sie im Viertel Østerbro vom Regen überrascht werden, besuchen Sie das Café Pixie. Die freundliche Bedienung, die gemütliche Einrichtung und hochwertige Speisen und Getränke machen es zu einem der Lieblingsorte der Einheimischen. Hier werden »Liebe und hygge« serviert.

154 VOULEZ-VOUS

Larsbjørnsstræde 20
Kopenhagen K ①
+45 9197 5719
www.voulezvous.dk

Dieses authentisch französische Café und Bistro ist in zwei Ebenen unterteilt: den schwach beleuchteten Keller und den ersten Stock mit Blick über die Straße. Beide Räume eignen sich für eine herrliche Kaffeepause an einem regnerischen Tag. Heiße Empfehlung: der hausgemachte Ingwer-Pfefferminz-Tee.

155 PARTERRE

Overgaden Oven
Vandet 90
Christianshavn ②

Parterre, von einem Vater-Sohn-Gespann 2014 eröffnet, ist sehr schnell zum Liebling der Kopenhagener Kaffeefans (und Instagrammer) avanciert. Mit seinem einfachen, guten Essen, dem herausragenden Kaffee der schwedischen Rösterei Koppi und seinem wahrhaft freundlichen Ambiente gelingt es dem Café, dass die Kunden gerne kommen.

155 PARTERRE

5 CAFÉS & KAFFEEBARS AM WASSER

156 **THE CORNER**
Strandgade 108
Kopenhagen K ①
+45 3296 3292
www.108.dk/the-corner

Das im Jahr 2016 eröffnete The Corner liegt am Ostende der neuen Inderhavnsbroen, direkt gegenüber dem berühmten Nyhavn. Die Speisekarte ist einfach gehalten (Brot, Kaffee, ausgewählte Kuchen), alles wird jedoch mit Eleganz und Perfektion geschaffen. Sehr zu empfehlen sind eine oder zwei Tassen des von Tim Wendelboe gerösteten Kaffees und das hauseigene Sauerteigbrot mit Käse.

157 **LA BANCHINA**
Refshalevej 141A
Kopenhagen K ①
+45 3126 6561
www.labanchina.dk

Es ist winzig und schwer zu finden: La Banchina eignet sich nicht für den typischen Bustouristen. Für diejenigen aber, die eine echte Kopenhagener Erfahrung suchen, ist das es ein Muss, vor allem in den Sommermonaten. Essen und Kaffee werden den ganzen Tag über angeboten, aber das Highlight sind natürlich die Lage direkt am Wasser sowie die holzbeheizte Sauna, die jeden Tag zwischen 10 und 16 Uhr geöffnet ist.

158 **KULTURTÅRNET**
Knippelsbro 2
Kopenhagen K ①
+45 2871 2815
www.kulturtaarnet.dk

Zum ersten Mal in der Geschichte wurde der Knippelsbro-Turm der Öffentlichkeit zugänglich gemacht. Für den geringen Eintritt von 20 Kronen kann der Gast im kupferbeschlagenen Kulturtårnet gemütlich Kaffee trinken und seinen Blick über den Hafen schweifen lassen. Prüfen Sie zuvor die Öffnungszeiten im Internet, da sich diese des Öfteren ändern.

159 **ROAST COFFEE**
Vestmannagade 4
Christianshavn ②
www.roast.com

Im Jahr 2014 gegründet, ist ROAST viel mehr als eine Café-Bar. Es überprüft mittels seiner strengen Nachhaltigkeitspolitik den gesamten Prozess vom Bauern bis zum Endverbraucher, von den Anbaugebieten bis zum Rösten und Verkauf. Gleich um die Ecke der Islands Brygge Harbour Baths gelegen, ist ROAST ein absolutes Muss für ernsthafte Kaffeeliebhaber.

160 **CUB COFFEE BAR**
Boldhusgade 6
Kopenhagen K ①
+45 6128 8971

Versteckt in einem Keller an der Boldhusgade (am nordöstlichen Ufer von Kopenhagens zentralem Kanal), versteht sich CUB als bestgehütetstes Geheimnis der Hauptstadt. CUB steht für »Copenhagen Underground Brewers« und ist so unkompliziert wie nur möglich: ein ruhiger, entspannter und heimeliger Ort, ideal für einen regnerischen Tag, der herausragende Kaffeequalität serviert.

85 ORTE ZUM SHOPPEN

Die 5 besten Läden für
MÄNNERMODE

161 **GOODS**
Østerbrogade 44
Kopenhagen Ø ⑤
+45 3543 0505
www.shop.goodscph.com

Kasper Hostrup, der Eigentümer von GOODS, hat eine der schicksten Männermode-Boutiquen der ganzen Stadt geschaffen. Mit professionellem Feingefühl kuratiert er eine dynamische Kollektion sowohl aus klassischen amerikanischen Marken als auch aus neuen Stars der dänischen Designerszene wie z. B. Norse Projects und Capital Goods.

162 **BRUND**
Nordre Frihavnsgade 49
Kopenhagen Ø ⑤
+45 3543 5133
www.brund.dk

Dieser urige Laden in Østerbro ist eine Schatztruhe für hochwertige Jeans und Stiefel – zeitlose Männermode und solide Accessoires, die »bei häufigem Tragen nur noch schöner werden«. Brunds Ruf als erste Adresse für hervorragend verarbeitete Ware ist wohl verdient.

163 **MARITIME ANTIQUES**
Toldbodgade 15
Kopenhagen K ①
+45 3312 1257
www.maritime-antiques.dk

Diese kuriose Antiquitäten- und Männermode-Boutique ist einzigartig. Im Untergeschoss kombinieren die Besitzer Frans und Magali eine faszinierende Kollektion bildschöner nautischer Anitquitäten mit ausgesuchten skandinavischen Modemarken.

164 NO NATIONALITY 07

Gammel Mønt 7
Kopenhagen K ①
+45 3841 1141
www.nn07.com

Die dänischen Gründer von No Nationality 07 (oder auch NN07) haben es gewagt, »in den Raum jenseits monotoner Mode« vorzudringen, indem sie japanische Ästhetik mit skandinavischer Einfachheit verbinden. Im Concept Store im Zentrum kann man sich die widerstandsfähige, von Abenteuern inspirierte Männermoden-Kollektion in Ruhe ansehen.

165 WARDROBE 19

Larsbjørnsstræde 19
Kopenhagen K ①
+45 3214 1312
www.wardrobe19.com

Im Mittelpunkt von Wardrobe 19 stehen Männermode-Basics: Lederstiefel, feste Ledertaschen, eine ausgesuchte, saisonal variierende Kollektion an Kleidung und Accessoires. Rustikale Einrichtung, Expertise des Personals, beste Lage – Wardrobe 19 muss bei Liebhabern von zeitlosem Stil auf dem Programm stehen.

161 **GOODS**

Die 5 gößten Läden für
DÄNISCHES DESIGN

166 ILLUMS BOLIGHUS
Amagertorv 10
Kopenhagen K ①
+45 3314 1941
www.illumsbolighus.dk

Illums Bolighus ist ein großes, mehrstöckiges Kaufhaus, das sich ausschließlich dem Besten aus schwedischem und dänischem Design widmet. Dieser »Tempel des modernen Designs« ist schlichtweg umwerfend.

167 NORMANN COPENHAGEN
Østerbrogade 70
Kopenhagen Ø ⑤
+45 3555 4459
www.normann-copenhagen.com

Für die *New York Times* gehört dieser Concept Store zu den »12 Shopping-Schatztruhen Europas». Der Laden präsentiert die gesamte Produktlinie an Eigendesigns von Normann Copenhagen und dazu noch Hunderte Bücher, Kleidung und Einrichtungsgegenstände von anderen skandinavischen Marken.

168 HAY HOUSE
Østergade 61
Kopenhagen K ①
+45 4282 0820
www.hay.dk

HAY ist seit einigen Jahren der größte Name in der dänischen Designerszene. Im HAY House zeigt die Marke ihre Produkte im Rahmen eines perfekt eingerichteten Apartments mit Blick über den Amagertorv (Amager Platz).

169 PAUSTIAN

Kalkbrænderiløbskaj 2
Kopenhagen Ø ⑤
+45 3916 6565
www.paustian.dk

Paustian hat seit Jahrzehnten einen exzellenten Ruf unter den dänischen Designern. Seine Ausstellungsräume wurden vom dänischen Architekten Jørn Utzorn, dem Gestalter der Oper von Sydney, entworfen. Der Laden zeigt eine raffinierte und elegante Mischung aus neuem Design und klassischen, dänischen Meisterstücken.

170 BOLIA

Christian IX Gade 7
Kopenhagen K ①
+45 3036 8948
www.bolia.com

Bolia ist der neue Stern am dänischen Designhimmel. Pragmatischer, nordischer Minimalismus, gepaart mit spielerischer Geometrie, schafft geniale und (relativ) erschwingliche Möbel, Lampen, Haushaltswaren und Textilien.

168 HAY HOUSE

Die 5 besten

DESIGN-BOUTIQUEN

171 **SIRIN**
Ravnsborg Tværgade 7
Kopenhagen K ①
+45 5239 0670
www.sirincopenhagen.com

Sirin liegt nahe der Kopenhagener Seen und ist ein verstecktes Juwel der skandinavischen Designwelt. Von Stücken im Taschenformat bis hin zu Möbeln – die Sammlung motiviert den Besucher, seinen eigenen Lebensraum in positivem Sinne neu zu überdenken. Besonders interessant sind die handverlesenen Bücher, Magazine, Stoffe und Kunstdrucke.

172 **DESIGNER ZOO**
Vesterbrogade 137
Kopenhagen V ③
+45 3324 9493
www.dzoo.dk

Ein Teil des Shops zeigt die Kollektion, im anderen arbeiten die Designer – der Designer Zoo ist einzigartig in der Szene Kopenhagens. Seit 1999 verfolgt er zwei Ziele: tolle dänische Designerprodukte zu verkaufen und einheimischen Kreativen eine Werkstatt vor Ort anzubieten.

173 **NOTRE DAME**
Nørregade 7
Kopenhagen K ①
+45 3315 1703
www.notredame.dk

Dieser bunte Laden ist gefüllt mit einer riesigen Auswahl an dänischen Designerhaushaltswaren, Bettwäsche, Papierprodukten, Lampen und kleinen Möbeln. Jede freie Fläche und Wand ist mit Waren bedeckt und behängt, die man gerne mit nach Hause nimmt.

174 **DANSKMADEFORROOMS**

Istedgade 80
Kopenhagen V ③
+45 3218 0255
www.danskmadeforrooms.dk

Diesen schönen Laden eröffneten die Modedesignerinnen (und Schwestern) Ma-Lou und Malene Sofie Westendahl. DANSKmadeforrooms zählt zu den mächstigsten und einflussreichsten unter den vielen Design-Boutiquen der Stadt. Ob Stoffe, Lampen, Poster oder Stühle – bei DANSKmadeforrooms wurde jeder Artikel aufgrund seiner Zeitlosigkeit und seiner nachhaltigen Qualität einzeln ausgesucht.

175 **DESIGNDELICATESSEN**

Frederiksberg Allé 6
Frederiksberg ⑥
+45 3311 1470
www.designdelicatessen.dk

Der inspirierende Ausstellungsraum von Designdelicatessen an der Frederiksberg Allée gilt als Schatztruhe für skandinavische Möbel, Lampen, Drucke und Stoffe. Der Laden zeigt nur eine kleine Auswahl der Produkte, das Onlineangebot umfasst über 4000 Stücke.

Die 5 angesagtesten

EINKAUFSSTRASSEN,

die man erkunden sollte

176 **PILESTRÆDE**
City Centre
Kopenhagen K ①

Parallel zur geschäftigen Einkaufsstraße Købmagergade verläuft Pilestræde mit modischen Läden, gemütlichen Cafés und flippigen Bars. Hier findet man alles – von skandinavischen Designerstücken (HAY) für zu Hause bis zu trendigen Streetwear-Turnschuhen (Naked).

177 **ISTEDGADE**
Vesterbro
Kopenhagen V ③

Früher war Istedgade der Inbegriff für Kopenhagens Rotlichtszene. Heute prägt eine kuriose Mischung aus Boutiquen, Hipster-Bars und ein paar Überbleibseln aus der Neonzeit das Straßenbild. Zu empfehlen sind die Weinbar Malbeck, DANSKmadeforrooms für Designerstücke und Rude für Damenmode.

178 **VÆRNEDAMSVEJ**
Vesterbro
Kopenhagen V ③

Diese Straße wird oft mit den belebten Gassen von Paris verglichen, und so haben auch Kopenhagens edelste Spezialitätenläden und Restaurants auf der Værnedamsvej ihre Heimat gefunden. Empfehlungen: Dora (Inneneinrichtung), Les Trois Cochons (französische Küche) und Granola (Kaffee und Mittagessen).

179 ELMEGADE

Nørrebro
Kopenhagen N ④

Elmegade ist eine kleine Nebenstraße, die die geschäftige Nørrebrogade mit dem Sankt Hans Torv verbindet. Hier finden Sie Acne Archive für dänische Mode, Hooha-Turnschuhe oder internationale Mode von Velour. Mittags geht man ins Laundromat Café und zum Kaffee zu Clarkes.

180 BLÅGÅRDSGADE

Nørrebro
Kopenhagen N ④

Nur einen Steinwurf von der Elmegade entfernt liegt die Blågårdsgade. Sie ist größtenteils verkehrsberuhigt und deshalb ideal zum Flanieren, Shoppen und Leute-Beobachten. Empfehlungen: Vaerkstedet (dänisches Design), Studio Travel (Vintage-Klamotten), Beyti (Schawarma) und Café Arabica (Kaffee).

178 VÆRNEDAMSVEJ

Die 5 besten Läden für
MODERNE STREETWEAR

181 NORSE PROJECTS
Pilestræde 41
Kopenhagen K ①
+45 3393 2626
www.norsestore.com

Das Motto bei Norse Projects ist: »Fürs Leben geschaffen – gut für alle Jahreszeiten«. Damit bietet der Shop alle Basics der schicken, urbanen Streetwear. Der Norse-Shop ist das Epizentrum für Kopenhagener Coolness und verkauft internationale Topmarken und seine eigene Modekollektion für Männer und Frauen.

182 LE FIX
Kronprinsensgade 9B
Kopenhagen K ①
+45 8861 4101
www.le-fix.com

Die Gründer, allesamt Sandkastenfreunde, haben sich ob ihrer Leidenschaft für Graffiti und Hip-Hop-Kultur wiedergefunden. Le Fix ist nicht nur ein Laden – die Marke beschreibt sich als »Konstellation« aus Modemarke, Tätowierungsstudio, Kunstgalerie und Holzwerkstatt.

183 WOOD WOOD MUSEUM
Frederiksborggade 54
Kopenhagen K ①
+45 3535 6264
www.woodwood.dk

Kopenhagens Wood-Wood-Marke kombiniert elegante Mode, Sportbekleidung und Streetwear mit jugendlicher Kultur, Kunst und Musik. Der edle Flagshipstore von Wood Wood Museum liegt in der Grønnegade 1. Im Outlet-Laden stößt man jedoch auf die besseren Schnäppchen und findet zudem Unikate.

184 **SOULLAND**

Gammel Kongevej 37
Kopenhagen V ③
+45 5364 0186
www.soulland.com

Jährlich bringt Soulland zwei saisonale Männer-Kollektionen heraus, die Zeitschriften wie *GQ*, *Euroman*, *ID Magazine* und andere Trendsetter-Publikationen immer wieder zu Lobeshymnen verleiten. Im Flagshipstore reihen sich eigene Designstücke an sorgsam ausgesuchte Ware von anderen etablierten Marken.

185 **STREETMACHINE**

Kronprinsensgade 3
Kopenhagen K ①
+45 3333 9511
www.streetmachine.com

Die Ursprünge von Streetmachine liegen in der draufgängerischen Skateboard-Szene der 1980er-Jahre in Paris und Kalifornien, seit Mitte der 1990er-Jahre setzt es Streetwear-Trends in Kopenhagen. Noch immer steht die Skateboard-Kultur im Fokus, sie wird heute aber mit erlesenen Marken, die weit über den Skaterpark hinausreichen, ergänzt.

185 STREETMACHINE

Die 5 besten
BUCHLÄDEN

186 **BOOKS & COMPANY**
Sofievej 1
Hellerup ⑧
+45 3930 4045
www.booksandcompany.dk

Während der letzten zehn Jahre hat sich Books & Company zu einem beliebten Treffpunkt der weitgehend internationalen Bevölkerung im nördlichen Kopenhagen entwickelt. Der urige Laden »um die Ecke« hat sich auf englischsprachige Bücher, Zeitschriften, Zeitungen und Kinderbücher spezialisiert.

187 **ARK BOOKS**
Møllegade 10
Kopenhagen N ④
+45 8165 5458
www.arkbooks.dk

Die edle Mission dieses nicht kommerziellen Ladens ist es, die Dänen an weniger bekannte Literatur aus der ganzen Welt und die Nicht-Dänen an das Beste der dänischen Literatur heranzuführen. Am besten einfach eintreten, über Literatur reden und eine Tasse Kaffee genießen – die ist übrigens auch noch kostenlos.

188 **CINNOBER**
Landemærket 9
Kopenhagen K ①
+45 2613 9833
www.cinnobershop.dk

Der unabhängige Buchladen wird von Ulla Welinder und Morten Voigt geführt, einer grafischen Designerin und einem Illustrator – kein Wunder, dass die handverlesene Buchauswahl, die Zeitschriften, Schreibwaren und Designerstücke im Cinnober stets feinstens sortiert sind.

189 THIEMERS MAGASIN

Tullinsgade 24
Kopenhagen V ③
+45 5059 5100
www.thiemers.dk

Mit seiner Mischung aus englisch- und dänischsprachigen Büchern und Zeitschriften erfüllt Thiemers Magasin alle Ansprüche an einen individuellen Buchladen: freundlicher Service, zentral gelegen und ein Sortiment aus Neuem, Gewohntem und Unerwartetem.

190 POLITIKENS BOGHAL

Rådhuspladsen 37
Kopenhagen K ①
+45 3067 2806
www.politikensforlag.dk

Politikens Boghal liegt mitten im Zentrum und ist Kopenhagens größter Laden für englische und dänische Bücher. Die riesige Auswahl und das kompetente Personal sorgen dafür, dass die Kunden das Buch finden, das sie suchen.

186 **BOOKS & COMPANY**

Die 5 besten Läden für
GRAFIK-DESIGN UND PAPIERKUNST

191 **PLAYTYPE**
Værnedamsvej 6
Kopenhagen V ③
+45 6040 6914
www.playtype.com

Ursprünglich wurde das Playtype gegründet, um der Typografie einen Ort der Entfaltung zu bieten, doch rasch entwickelten sich kreative grafische Ideen, die mittlerweile den skandinavischen Markt beherrschen. Der Playtype-Shop in der Værnedamsvej ist ein Muss für alle Fans von grafischem Design.

192 **CMYK KLD**
Jægersborggade 51, kld
Kopenhagen N ④
+45 5033 2585
www.butikcmyk.dk

CMYK kld zählt zu den angesagtesten Boutiquen und Restaurants der Stadt – ein bezaubernder kleiner Ort mit einer großen Persönlichkeit. Das Sortiment konzentriert sich auf Illustrationen und handgemalte Werke, verkauft aber auch erschwingliche Drucke von Künstlern aus Kopenhagen und ganz Dänemark.

193 **STILLEBEN**
Niels Hemmingsens Gade 3
Kopenhagen K ①
+45 3391 1131
www.stilleben.dk

Stilleben ist viel mehr als nur ein Posterladen, auch Designerdrucke sind Teil seines erlesenen Sortiments. Ditte und Jelena, die beiden Besitzer, haben es zu internationalem Ruhm gebracht, weil sie zuverlässig auf höchste Qualität achten und neue Trends setzen.

194 LIMITED WORKS

Blågårdsgade 17
Kopenhagen N ④
+45 6168 9844
www.limitedworks.com

Die hübsche Galerie wurde ursprüglich als Online-Shop gegründet. Heute zeigen die Räume im Zentrum der künstlerisch geprägten Blågårdsgade eine Vielzahl hervorragender Arbeiten, ob Original oder Druck, von aufstrebenden Talenten wie auch etablierten Künstlern.

195 PAPER COLLECTIVE

Kompagnistræde 29
Kopenhagen K ①
www.paper-collective.com

Paper Collective vereint Designer, Illustratoren, Fotografen und Kunstagenturen aus der ganzen Welt, um inspirierende und kultige Kunstdrucke zu schaffen, von denen maximal 700 Stück gedruckt werden. Der Profit kommt Wohltätigkeitsorganisationen weltweit zugute.

195 PAPER COLLECTIVE

Die 5 besten
PLATTENLÄDEN

196 GOODLIFE

Stefansgade 12
Kopenhagen N ④
+45 2639 1985

Dieser kleine Eckladen – ein ruhiges Nachbarschaftsplätzchen zum Abhängen – deckt zwei Begehrlichkeiten des Lebens hervorragend ab: Kaffee und Musik. Der Laden hat sich auf Indie-Rock, Soul und klassische Platten spezialisiert.

197 CRATE – BEER AND VINYL

Jægersborggade 50
Kopenhagen N ④
+45 3115 3661

Crate beheimatet eine kleine, aber feine Kollektionen an Vinyl-Schallplatten, die ebenso wie eine sorgfältig ausgesuchte Kollektion an Bieren verkauft werden. Die Lage an einer der quirligsten Straßen der Stadt trägt dazu bei, dass Crate gekonnt die Freude an musikalischen Entdeckungen mit dem Genuss regional gebrauten Biers vereint.

198 SORT KAFFE & VINYL

Skydebanegade 4
Kopenhagen V ③
+45 6170 3349

Der Name des gemütlichen Ladens sagt schon alles aus. Das Schallplattenangebot reicht von Neuerscheinungen über Remakes bis hin zu klassichen Platten, außerdem gibt es sehr guten Kaffee. Sort Kaffe & Vinyl ist immer einen Besuch wert – ganz besonders aber, wenn die Sonne lacht und die Terrasse geöffnet ist.

199 ROUTE 66

Fælledvej 3
Kopenhagen N ④
+45 3535 6560

Route 66 bietet hauptsächlich Neuerscheinungen – Mainstream ebenso wie Indie-Bands. Im Keller des Ladens befindet sich zudem ein Secondhand-Shop. Eine Besonderheit des Route 66 ist das Angebot an alten und modernen Aufnahmen in dänischer Sprache.

200 SOUND STATION

Gammel Kongevej 94
Frederiksberg ⑥
+45 3321 4043
www.soundstation.dk

Die Sound Station in Frederiksberg verweist stolz auf ihre hervorragende Kollektion an Vinyl-Platten, sowohl qualitativ als auch quantitiv. Die Sammlung füllt alle Wände des Ladens, vom Boden bis zur Decke stapeln sich Rockabilly, Punk, Jazz und Metal-Rock. Jeden Tag kommen Neuheiten hinzu – ein Traumladen also für jeden Vinyl-Jäger.

199 ROUTE 66

Die 5 besten
FAHRRADLÄDEN

201 **SÖGRENI**
Sankt Peders
Stræde 30A
Kopenhagen K ①
+45 3312 7879
www.sogrenibikes.com

Was Sögreni so speziell macht, ist, dass das Team ein effektives System zum Bauen von Designerfahrrädern enwickelt hat und dennoch nicht in Serie produziert: Jedes Fahrrad wird in enger Zusammenarbeit zwischen dem Kunden und dem Mechaniker entworfen.

202 **LARRY VS. HARRY**
Frederiksborggade 43
Kopenhagen K ①
+45 3136 1719
www.larryvsharry.com

Dieser Laden hat seinen guten Ruf mit der Erfindung des eleganten und schicken Bullitt erworben – einer Art Lastenfahrrad, das gebaut wurde, um »einen Großteil der Funktionen eines Autos in der Stadt zu übernehmen, jedoch immer noch so gut auszusehen, dass es ein Objekt der Begierde bleibt«. Ein Muss für Fans von Getrieben und Design.

203 **CYKELFABRIKKEN**
Istedgade 92
Kopenhagen V ③
+45 2712 3232
www.cykelfabrikken.dk

Christian und Oscar, die Besitzer von Cykelfabrikken, bauen mit Leidenschaft erstaunlich gute Fahrräder aus hochwertigen Materialien – so einfach ist das. Wer den ultracoolen Ausstellungsraum besucht, betritt das minimalistische Heiligtum zu Ehren eines Fahrradgottes.

204 BUTCHERS & BICYCLES

Slagtehusgade 5A
Kopenhagen V ③
+45 7199 8808
www.butchersand bicycles.com

Derzeit fabriziert Butchers & Bicycles einige der besten Lasten-Bikes der Welt – sie können sogar in die Knie gehen. Die Ausstellungsräume sind nur donnerstags und freitags von 14–18 Uhr und samstags von 11–14 Uhr geöffnet. Für Mechanikliebhaber und Fans der skandinavischen Fahrradkultur lohnt es sich, hier einen Besuch einzuplanen.

205 VELORBIS

Nørre Farimagsgade 63
Kopenhagen K ①
+45 3811 2277
www.velorbis.com

Wenn das Motto »Fahr' mit Stil« heißt, sollten die Fahrräder auch stilsicher sein. Velorbis wird seinem Leitsatz gerecht und baut mit die coolsten Fahrräder, die auf Kopenhagens Straßen unterwegs sind. Mit viel Gefühl für klassisches Design, die perfekte Sitzposition und zeitlosen Bike-Schick hat sich Velorbis weltweit einen hervorragenden Ruf erarbeitet.

201 **SÖGRENI**

Die 5 besten

SCHMUCKDESIGNER

206 **MARIA BLACK**
Silkegade 13
Kopenhagen K ①
+45 3311 5066
www.maria-black.com

Seit 2010 enwirft die Kopenhagener Designerin Maria Black innovative Schmuckkollektionen, die durch äußerst dramatische Geometrien, dunkle Farben und experimentelle, auswechselbare Elemente im Design auffallen.

207 **HANDCRAFTEDCPH**
Sønder Boulevard 59
Kopenhagen V ③
+45 2243 3006
www.handcraftedcph.dk

Anders Forups charmanter Laden fügt sich sehr gut in die jugendliche und progressive Hipster-Stimmung von Vesterbro ein. Er mischt erschwingliche Schmuckstücke mit handverlesenen Vintage-Stücken, seien es Möbel oder Kunst. Auf Instagram kann man schon mal nachsehen, was die Marke HandcraftedCPH auszeichnet.

208 **LINE & JO**
Gothersgade 31
Kopenhagen K ①
+45 3514 1499
www.lineandjo.com

Zur Spitze der dänischen Schmuckszene gehört Line & Jo. Seinen Stil beschreibt das Designerduo Line Hallberg und Jo Riis-Hansen selbst mit den Worten »rauer Lady-Punk mit graziler Weiblichkeit, schlichter Minimalismus, gepaart mit klassischer Ästhetik«. Line & Jo ist bei den Kopenhagenern äußerst beliebt.

209 VIBE HARSLØF

www.vibeharsloef.dk
ERHÄLTLICH BEI: WOOD WOOD BOUTIQUE
Grønnegade 1
Kopenhagen K ①
+45 3535 6264
www.woodwood.dk

Die Kollektion des Schmuckdesigners Vibe Harsløf, stilistisch irgendwo zwischen verspielt künstlerisch und schonungslos skandinavisch angesiedelt, verbindet sozusagen Straßenkultur mit Dänemarks traditioneller Gestaltungskunst. Vibes Arbeiten kann man online bestellen oder in den Boutiquen Kopenhagens beziehungsweise im Dänischen Designmuseum erwerben.

210 KATRINE KRISTENSEN

www.katrine kristensen.com
ERHÄLTLICH BEI: HENRIK VIBSKOV BOUTIQUE
Krystalgade 6
Kopenhagen K ①
+45 3314 6100

Ihre Kollektionen heißen »Talesman«, »Armour«, »Bubbles« und »Bullets« (übersetzt: Geschworener, Panzerung, Blasen und Schusspatronen). Die Schmuckstücke der Designerin Katrine Kristensen sind definitiv sehr spannend, sowohl optisch als auch konzeptionell, und ein weiteres Beispiel dafür, wie Kopenhagens Designer sich von der Gegenkultur inspirieren lassen. Kristensen fordert den Status quo heraus und wagt kühne Provokation.

Die 5 besten Läden mit

MODE FÜR SIE UND IHN

211 **SAMSØE & SAMSØE**
Pilestræde 8C
Kopenhagen K ①
+45 3528 5111
www.samsoe.com

Bei Samsøe, einer der federführenden und schicksten Boutiquen Kopenhagens, trifft moderne Streetwear auf skandinavischen Schick. Es gibt mehrere Samsøe-Läden in der Stadt, aber das Geschäft in der Pilestræde ist das beste, weil sowohl die Männer- als auch die Damenmode hier sehr regelmäßig wechselt und immer mit dem Neuesten zu rechnen ist.

212 **MADS NØRGAARD**
Amagertorv 15
Kopenhagen K ①
+45 3332 0128
www.madsnorgaard.dk

Mads Nørgaards moderne Interpretation von Modeklassikern ist unter den jungen, künstlerisch orientierten Kopenhagenern bereits legendär. Nørgaards wohl überlegte Kollektionen gehen immer einen Schritt weiter und bleiben dennoch den bewährten Prints, klassischen Streifen und skandinavischen Strickwaren treu.

213 STORM COPENHAGEN

Store Regnegade 1
Kopenhagen K ①
+45 3393 0014
www.stormfashion.dk

Seit 2001 setzt der Storm-Copenhagen-Concept-Store die Trends in Kopenhagen und stellt sich stets neu der Herausforderung, wie Verkaufsfläche gestaltet werden kann. Bücher, Kunst, Hautpflegeprodukte, Musik und Zeitschriften werden inmitten von Markenmode angeboten. Storm ist zweifelsohne der Platzhirsch unter Kopenhagens Lifestyle-Geschäften.

214 KYOTO

Istedgade 95
Kopenhagen V ③
+45 3331 6636
www.kyoto.dk

Auch diesen trendigen Laden voller Markenartikel gibt es seit 2001. Hier werden mit die besten skandinavischen Labels angeboten, beispielsweise Selected, Wood Wood und Le Fix. Abgesehen von den tollen Klamotten herrscht bei Kyoto eine tiefenentspannte Stimmung – eine sehr willkommene Abwechslung zum geschäftigen Treiben im zentralen Einkaufsviertel.

215 SELECTED

Frederiksberg Centret
Falkoner Allé 21
Frederiksberg ⑥
+45 3888 9939
www.selected.com

Seit seiner Gründung im Jahr 1997 als modernes, nordisches Label für Männermode ist die SELECTED-Marke ständig gewachsen. Heute wird mit SELECTED Femme auch Mode für Frauen angeboten. Der Fokus liegt auf klassischer Raffinesse und subtilem Glamour. Die Marke erfüllt damit hervorragend die modischen Grundbedürfnisse des modernen Stadtbewohners.

Die 5 coolsten Geschäfte mit
VINTAGEMODE

216 **STUDIO TRAVEL**
Blågårdsgade 14
Kopenhagen N ④
+45 2684 1260
www.studio-travel.com

Weißes Interieur, Vintagemode für Sie und Ihn, trendige Zeitschriften und ein sehr cooler Ladenbetreiber verführen im beliebten Studio Travel zum Einkaufen und Verweilen.

217 **KØBENHAVN K**
Studiestræde 32
Kopenhagen K ①
+45 3373 1519

København K gibt es an zwei Standorten: Der größere Vintage-Shop ist in der Studiestræde zu finden, der kleinere in der nahe gelegenen Teglgårdsstræde. Das Hauptgeschäft liegt ein wenig versteckt hinter der Hauptstraße, das große »K« über dem Eingang weist den Weg.

218 **O-S-V.**
Peder Hvitfeldts Stræde 4
Kopenhagen K ①
+45 3210 4222
www.o-s-v.dk

Zum Glück gibt es in einer Stadt, in der Mode normalerweise nie billig erhältlich ist, einen Laden wie O-S-V., der sich anfühlt wie eine Designer-Boutique und interessante skandinavische Marken (Stine Goya, Norse Projects, Ganni) für Männer und Frauen zu günstigeren Preisen anbietet. Täglich trifft neue Ware ein.

219 TIME'S UP VINTAGE

Krystalgade 4
Kopenhagen K ①
+45 3332 3930
www.timesupshop.com

Kein Wunder, dass Stylisten und Designer gerne und oft bei Time's Up Vintage vorbeischauen, um sich Inspirationen zu holen und/oder ihren eigenen Kleiderschrank neu zu bestücken. Der Schwerpunkt liegt auf Vintage-Luxusmarken und einzelnen Stücken aus dem Bereich Retro-Glamour.

220 PRAG

Vesterbrogade 98A
Kopenhagen V ③
+45 3379 0050

Nørrebrøgade 45
Kopenhagen N ④
+45 3321 0050
www.pragcopenhagen.com

Die Einheimischen sind verliebt in die beiden beeindruckenden Läden von PRAG und nennen sie »den Vintagehimmel«. Beide bestechen durch ein handverlesenes Sortiment, eine wohltuende Ordnung und sind voller Retro-Kleidung aus allen Epochen – selbst die 1920er-Jahre sind dort noch in Mode. Der gesamte Lagerbestand bei PRAG wird »im Ausland eingekauft und nach zeitgemäßen und zukünftigen Trends ausgesucht«. Im Gegensatz zu anderen Geschäften in der Hauptstadt öffnet PRAG übrigens sieben Tage die Woche.

Die 5 inspirierendsten MODEDESIGNER *in Kopenhagen*

221 **HENRIK VIBSKOV**
HENRIK VIBSKOV BOUTIQUE
Krystalgade 6
Kopenhagen K ①
+45 3314 6100
www.henrikvibskov.com

Vibskovs Modekreationen sind eine Mischung aus Funk und Fantasie. Mit jeder neuen saisonalen Kollektion heimst der dänische Designer noch mehr internationale Aufmerksamkeit ein. Die Henrik Vibskov Boutique bietet auch einige andere Marken an und ist ein absolutes Muss für alle Modefans, die vornehmlich von seiner bunten, verspielten und immer überraschenden Kollektion für Männer und Frauen fasziniert sein werden.

222 **ASTRID ANDERSEN**
AA BOUTIQUE
Jagtvej 19
Kopenhagen N ④

Die dänische Modedesignerin Astrid Andersen hat es sich zum Ziel gesetzt, in ihren Kollektionen die »Welt des Luxus und des Sports zu verschmelzen«. In jeder Saison steigert sie ihre eigenen Ansprüche an traditionelle Männermode und schafft Neues, das den Streetstyle des »harten Mannes« mit klar kontrastierenden, luxuriösen Stoffen, Farben und Schnitten aufpeppt. Andersens Mode wird in Kopenhagen von Storm in der Store Renegade oder in der AA Boutique, die nur am Samstag geöffnet ist, verkauft.

223 **CHARLOTTE ESKILDSEN**
FÜR DESIGNERS REMIX

Charlotte Eskildsen ist Kreativdirektorin und Gründerin des dänischen Labels Designers Remix. Eskildsens saisonale Kollektionen sind auch vom Design aus anderen Bereichen wie klassischen dänischen Möbeln, Schnitten fürs Militär und der funktionellen Architektur des 20. Jahrhunderts inspiriert.

224 **RIKKE BAUMGARTEN UND HELLE HESTEHAVE**
FÜR BAUM UND PFERDGARTEN
Vognmagergade 2
Kopenhagen K ①
+45 3530 1090
www.baumundpferdgarten.com

1999 taten sich Rikke Baumgarten und Helle Hestehave zusammen, um die sehr schicke Marke Baum und Pferdgarten zu gründen. Mit ihrem lebendigen, recht verspielten Stil fordern sie das ewige Schwarz der »Uniform der Kopenhagener« heraus und sorgen für eine neue Dynamik in der dänischen Modeszene.

225 **LENE BORGGAARD**
FÜR BRUUNS BAZAAR
Kronprinsensgade 8
Kopenhagen K ①
+45 3332 1999
www.bruunsbazaar.dk

Modern, elegant, minimalistisch – Lene Borggaards kreative Arbeit für den Bruuns Bazaar kommt in scheinbar müheloser Einfachheit und somit eindeutig skandinavisch daher. Im Jahr 2013 wurde sie mit dem ELLE-Designer-of-the-Year-Preis ausgezeichnet. Borggaards Schöpfungen sind klassisch und erschwinglich – Kleidung für die wirkliche Welt, nicht nur für den Laufsteg.

Die 5 besten Läden für **DAMENMODE**

226 **STINE GOYA**
Gothersgade 58
Kopenhagen K ①
+45 3217 1000
www.stinegoya.com

Ex-Model Stine Goya begann 2006 eine neue Karriere als Designerin. Seither gilt ihr Shop als heißer Tipp unter den Kopenhagener Modefans. Goyas Kreationen sind klar feminin und sehr modern, ihre verspielten Designs, bunten Prints und einzigartigen Schnitte bestechen.

227 **MR. LARKIN**
Nørre Allé 1
Kopenhagen N ④
www.mrlarkin.net

Fragt man junge Modeliebhaber nach ihren Lieblingsboutiquen in Kopenhagen, so wird es nicht lange dauern, bis der Name Mr. Larkin fällt. Von der amerikanischen Unternehmerin Casey Larkin Blond gegründet, vereint Mr. Larkin kalifornische Enspanntheit und skandinavische Coolness auf höchstem Stilniveau.

228 **NORSE STORE WOMEN**
Pilestræde 39
Kopenhagen K ①
+45 3391 2626
www.norsestore.com/womens

Norse Projects begann 2015 damit, weltweit Läden zu eröffnen, und wagte es, »den Raum zwischen der künstlerischen und der funktionellen Welt über eine modernistisch inspirierte Ästhetik zu erkunden«. Weibliche Fans von skandinavischer Alltagsmode haben einen neuen Lieblingsladen dazugewonnen.

229 **GANNI**
Store Regnegade 12
Kopenhagen K ①
+45 2088 5311
www.ganni.com

2014 wurde dem Liebling der dänischen Modeszene, Ganni, bei den dänischen ELLE Style Awards der Preis »Marke des Jahres« verliehen. Das Label produziert vornehmlich einen scheinbar mühelosen skandinavischen Look. Der Flagshipstore in der Store Renegade beeindruckt seine Kunden regelmäßig mit seiner Mischung aus schwarzen Klassikern und spannenden Saisonangeboten.

230 **VILA**
Vimmelskaftet 43
Kopenhagen K ①
+45 3315 2244
www.vila.com

VILA kombiniert klassische Basics mit trendigen Looks. Die international aufgestellte dänische Modemarke hat sich als zuverlässige Quelle für die »anmutige und abenteueraffine« moderne Frau durchgesetzt – und das auf erschwinglichem Preisniveau.

229 GANNI

Die 5 besten Läden für

VINTAGE-MOBILIAR UND -DESIGN

231 **NO 40-COPENHAGEN**
Gammel Kongevej 39A
Kopenhagen V ③
+45 3198 1862
www.no40.dk

Dieser schicke Laden zeichnet sich durch seinen besonders coolen und urtümlichen Charakter aus. Das Sortiment aus Industriestücken, Stahllampen, altem Sportgerät, Vintage-Regalen, Flaggen und feinst gearbeiteten Antiquitäten aus Holz prägt seinen Stil.

232 **FINDERI**
Møntergade 14
Kopenhagen K ①
+45 2622 1441
www.finderi.dk

Finderi ist eine reizende, zentral gelegene Boutique, die sich auf skandinavische Vintageartikel für Zuhause spezialisiert hat. Zu finden sind unter anderem Keramik, Stoffe, kleine Möbel und Holzarbeiten, darunter viele Einzelstücke.

233 **FIL DE FER**
Store Kongensgade 83
Kopenhagen K ①
+45 3332 3246
www.fildefer.dk

Fil de Fer ist ohne Zweifel Kopenhagens feinstes Kuriositätengeschäft, vollgepackt mit französischen Antiquitäten aus vielen Epochen und aus allen Ecken des Landes – von eleganten Möbeln über Pariser Lampen bis zu alten Sanitätsartikeln. Dieser wunderbare Ort ist halb Vintageladen, halb »Museum des Bizarren«.

234 BIRKHOLM CPH

Vesterbrogade 79
Kopenhagen V ③
+45 6146 4643
www.birkholmcph.dk

Der kleine, gemütliche Laden erfüllt gleich zwei Träume aller Designliebhaber: Eine handverlesene Kollektion aus modernen skandinavischen Designerstücken gelangt hier zu perfekter Harmonie mit passenden Möbelstücken aus der Vergangenheit. Die elegante Verbindung zwischen Alt und Neu ist herausragend und wirkt wahrhaft inspirierend.

235 ELSE SCHNEIDER KURIOSA

Bredgade 73
Kopenhagen K ①
+45 3131 8602
www.elseschneider.com

Else Schneiders Ausstellungsraum und Vintageladen wirkt mit einem Mix aus 1950er-Jahre-Schick und klassischen Kuriositäten wie ein nostalgisches Wunderland. Innenausstatter lieben diesen Laden. Else ist übrigens sehr präsent in den sozialen Medien – sehen Sie sich vorab ihren Laden online an, oder gehen Sie einfach vorbei und lassen sich von den Schätzen aus der Vergangenheit überraschen.

Die 5 kreativsten

DESIGN-SHOWROOMS,

die man besuchen sollte

236 **FRAMA**
Fredericiagade 57
Kopenhagen K ①
+45 3140 6030
www.framacph.com

Der Ausstellungsraum und die Büros von Frama sind in den großartigen Räumen der historischen St. Pauls Apotheke untergebracht. Hier trifft traditionelle Gestaltung auf den Klassizismus des 19. Jahrhunderts und formt den Rahmen für Framas innovative Lampen, Möbel und Inneneinrichtungselemente.

237 **LOUIS POULSEN**
Gammel Strand 28
Kopenhagen K ①
+45 7033 1414
www.louispoulsen.com

Einer der besten Orte, um die Produkte von Dänemarks berühmtestem Lampendesigner Poul Henningsen (als PH bekannt) zu bewundern, ist die spannende Ausstellung bei Louis Poulsen, der sich auf klassische und zeitgenössische Lampen von PH und anderen dänischen Designern spezialisiert hat.

238 **TOM ROSSAU**
Frederiksberg Allé 5
Kopenhagen V ③
+45 7194 0000
www.tomrossau.dk

Tom Rossau ist einer der bemerkenswertesten Lampendesigner Dänemarks. Seine charakteristischen, fein gemeißelten Formen sind weltbekannt: Rossaus elegante Lampen werden aus Holzfurnieren mit unglaublicher Sorgfalt und Präzision vor Ort in Handarbeit hergestellt.

239 GUBI

Møntergade 19
Kopenhagen K ①
+45 5361 6368
www.gubi.dk

Gubi kombiniert die besten Stilrichtungen aus dem Vintage mit zeitgenössischen Trends. Sein Flagshipstore an der Møntergade präsentiert innovative, zeitlose Designerstücke, die nach Überzeugung des Labels das Zeug haben, »Ikonen der Zukunft« zu werden.

240 FREDERICIA SHOWROOM

Løvstræde 1, 4th floor
Kopenhagen K ①
+45 7592 3344
www.fredericia.com

Der neu renovierte Fredericia Showroom ist einfach umwerfend: dänisches Design auf zwei Ebenen, darüber eine Dachterrasse mit Blick über die Stadt. Designliebhaber werden die beeindruckenden Ausstellungsräume sehr zu schätzen wissen, zumal man dem Kreativteam nebenan dabei zusehen kann, wie es den nächsten Klassiker kreiert.

236 FRAMA

Die 5 wichtigsten DÄNISCHEN DESIGNER, *die man kennen sollte*

241 **ARNE JACOBSEN**
(1902–1971)

Architekt, Möbelbauer, Produktdesigner, modernistischer Denker und kreatives Genie: Arne Jacobsen ist in Dänemark eine Nationalheld. Während seiner Karriere arbeitete er weltweit an Projekten, und zu Hause war Jacobsen der Anführer der einflussreichen Bewegung Danish Modern. Viele seiner Arbeiten stehen heute unter Denkmalschutz und können, in ganz Kopenhagen verstreut, besichtigt werden.

242 **POUL HENNINGSEN**
(1894–1967)

In Dänemark kennt man Poul Henningsen einfach als »PH«. Er ist der berühmteste aller dänischen Lampen- und Beleuchtungsdesigner. Seine eleganten und geometrischen Formen galten in den 1920er- und 1930er-Jahren als ultramodern und sind bis heute auf der ganzen Welt sehr gefragt.

243 **HANS WEGNER**
(1914–2007)

Hans Wegner, Zeitgenosse und Kollege von Arne Jacobsen, war ein sehr produktiver Stuhldesigner, der über 500 originelle, moderne Möbelstücke gestaltete – viele davon werden bis heute hergestellt. Wegner sagte einst: »Einen guten Stuhl zu schaffen ist eine Aufgabe, die niemals vollständig abgeschlossen sein wird.«

244 **GEORG JENSEN**
(1866–1935)

Der dänische Silberschmied Georg Jensen erlangte aus dem Nichts Weltruhm, er ist ein Held der Art-Nouveau-Schule der angewandten Künste. Seine eleganten und gleichzeitig funktionellen Besteck-, Schmuck- und Vasenkollektionen und seine Dekorationselemente wurden über Generationen bewundert, imitiert, oft auch re-interpretiert, und beeinflussen heute noch die Arbeit von Künstlern aller Disziplinen.

245 **MARIE GUDME LETH**
(1895–1997)

Die Künstlerin und Unternehmerin Marie Gudme Leth genoss eine klassische Ausbildung an der Kopenhagener Königlich Dänischen Kunstakademie und war in der ersten Hälfte des 20. Jahrhunderts eine Pionierin des Stoffdrucks. Ihre bunten, oftmals eigenwilligen Siebdrucke wurden den Dänen erstmals 1930 vorgestellt und sind nach wie vor in Mode – absolut bemerkenswert.

261 TIETGEN STUDENTENWOHNHEIM

25 GEBÄUDE ZUM BESTAUNEN

Die 5 schönsten KIRCHEN in Kopenhagen

246 **FREDERIKS KIRKE**
Frederiksgade 4
Kopenhagen K ①
+45 3315 0144
www.marmorkirken.dk

Westlich der königlichen Residenz Amalienborg ragt die prächtige Marmorkirche in den Himmel und hinterlässt den Eindruck, als wäre sie direkt aus Rom nach Kopenhagen gebracht worden. Vor ihrer Fertigstellung im Jahr 1894 durchlebte die 150 Jahre als unfertige Ruine stehengelassene Kirche eine faszinierende und bewegte Vergangenheit. Heute ist die reich ornamentierte Kirche mit ihrem massiven Dom äußerst beliebt und für die Öffentlichkeit zugänglich.

247 **ST. ALBAN KIRKE**
Churchillparken 11
Kopenhagen K ①
+45 3311 8518
www.st-albans.dk

Oft wird die St. Alban Kirche auch als »anglikanische Kirche« bezeichnet. Sie liegt am idyllisch grünen Kastellet-Park und dem Wallgraben, gleich um die Ecke der Statue der kleinen Meerjungfrau. St. Alban ist dank ihrer ausgeprägten neogotischen Architektur und der Verwendung von Kalk- und Feuerstein einzigartig unter den Kirchen Kopenhagens.

248 GRUNDTVIG KIRKE

På Bjerget 14B
Strandvejen ⑧
+45 3581 5442
www.grundtvigskirke.dk

Nach dem dänischen Philosophen und Hymnenkomponisten N. F. S. Grundtvig (1783–1872) benannt, unterscheidet sich diese Kirche von allem, was Kopenhagen-Besucher sonst zu sehen bekommen. In den 1920er-Jahren entworfen und mit über sechs Millionen gleichförmiger, gelber Backsteine erbaut, ist sie ein dramatisches Beispiel für expressionistische Architektur, für das es sich auf jeden Fall lohnt, das Stadtzentrum zu verlassen.

249 VOR FRUE KIRKE

Nørregade 8
Kopenhagen K ①
+45 3315 1078
www.domkirken.dk

Die Vor Frue Kirke (Frauenkirche) wurde im klassizistischen Stil entworfen und 1829 fertiggestellt. Sie wird auch »Dom von Dänemark« genannt, und hier fand 2004 die Trauung von Kornprinz Frederik und Mary Elizabeth Donaldson statt. Die mächtigen Apostelstatuen, die das Hauptschiff schmücken, sind sehr beeindruckend und wurden vom dänischen Bildhauer Bertel Thorvaldsen geschaffen.

250 VOR FRELSERS KIRKE

Sankt Annæ Gade 29
Christianshavn ②
+45 3254 6883
www.vorfrelserskirke.dk

Die barocke Vor Frelsers Kirke (Erlöserkirche) ist ein beliebtes Wahrzeichen, dessen schwarz-goldener Turm 90 Meter in den Himmel ragt. Die Kirche ist auch wegen ihres großartigen Glockenspiels, dem größten Nordeuropas, berühmt – die Glocken erklingen jeden Tag zur vollen Stunde zwischen 8 Uhr und Mitternacht. Gegen eine geringe Gebühr kann man den Korkenzieher-Turm besteigen und die herrliche Aussicht genießen.

Die 5 beeindruckendsten

KÖNIGLICHEN GEBÄUDE

251 **DER SCHWARZE DIAMANT**

Søren Kierkegaards Plads 1
Kopenhagen K ①
+45 3347 4747
www.kb.dk

Der neue Flügel der Dänischen Königlichen Bibliothek wurde vom Architekturbüro Schmidt Hammer Lassen gestaltet und ist von außen ebenso beeindruckend wie von innen. Die reflektierende Fassade der öffentlich zugänglichen Bibliothek besteht aus poliertem schwarzen Granit und Glas.

252 **KÖNIGLICH DÄNISCHES SCHAUSPIELHAUS**

Sankt Annæ Plads 36
Kopenhagen K ①
+45 3369 6969
www.kglteater.dk

Das Königlich Dänische Schauspielhaus ist ein modernes Gebäude mit einer großzügigen Terrasse am Wasser, auf der sich ein Straßencafé und eine Cocktailbar befinden, von denen man den Hafen von Kopenhagen überblickt. Tickets für Vorstellungen und Führungen gibt es an der Kasse.

253 **KÖNIGLICH DÄNISCHES THEATER**

Kongens Nytorv 9
Kopenhagen K ①
+45 3369 6933
www.kglteater.dk

Das Königlich Dänische Theater steht seit 1874 stolz am Kongens Nytorv und beheimatet derzeit das Königliche Ballett. Vom gefeierten Architekten Vilhelm Dahlerup entworfen, bringt das Theater mit 1600 Plätzen Konzerte, Schauspielstücke und Opern auf die Bühne.

254 SCHLOSS ROSENBORG

Øster Voldgade 4A
Kopenhagen K ①
+45 3315 3286
www.kongernessamling.dk/rosenborg

Das prächtige Schloss Rosenborg wurde von König Christian IV. im dänischen Renaissance-Stil erbaut und sollte ursprünglich als Sommerresidenz für die dänische Königsfamilie dienen. Es überblickt einen der schönsten öffentlichen Parks und stellt heute den königlichen Thron sowie die Kronjuwelen aus.

255 SCHLOSS AMALIENBORG

Amalienborg Slotsplads 5
Kopenhagen K ①
+45 3312 2186
www.kongernessamling.dk/amalienborg

Ursprünglich wurden die Palais für vier adlige Familien erbaut. Heute dient das Schloss Königin Margrethe II. von Dänemark als Winterresidenz. Es reiht sich in die architektonische Achse zwischen der Marmorkirche, den Amaliengarten und dem außergewöhnlichen Königlichen Opernhaus jenseits des Hafenbeckens ein. Amalienborg wird von der Königlichen Leibgarde bewacht.

252 KÖNIGLICH DÄNISCHES SCHAUSPIELHAUS

Die 5 Ikonen der

ARCHITEKTUR DES 20. JAHRHUNDERTS

256 **BELLA VISTA ESTATES**
Strandvejen 419-433
Klampenborg ⑧

Die Bella-Vista-Apartments wurden 1934 von Arne Jabocsen in einem eleganten und modernen Stil entworfen. Ihre Lage garantiert den bestmöglichen Blick über das Wasser des Øresund bis zum dahinter liegenden Schweden. Mehr als 80 Jahre später zählen diese Wohnungen immer noch zu den exklusivsten Kopenhagens.

257 **HOTEL ASTORIA**
Banegårdspladsen 4
Kopenhagen V ③

Das Hotel Astoria wurde im Jahr 1935 eröffnet und galt lange als Ikone der modernen, funktionellen Architektur. Es ist leicht an der »Kühlerfigur« auf dem Dach zu erkennen, ein Vintage-Relikt der dänischen Eisenbahnen. Das einzigartige Zeugnis architektonischer Zeitgeschichte wurde erst vor Kurzem wieder als Boutiquehotel eröffnet.

258 **FINN JUHLS HAUS**
Kratvænget 15
Charlottenlund ⑧
+45 3964 1183

Von außen wirkt das Haus des berühmten dänischen Designers Finn Juhl relativ bescheiden. Nach Juhls Vision sind es die Details im Inneren, die ein Haus wirklich ausmachen. Juhls Zuhause ist perfekt erhalten und für Besucher geöffnet.

259 SKOVSHOVED TANKSTELLE

Kystvejen 24
Charlottenlund ⑧

Direkt am Wasser erbaute Arne Jacobsen 1938 diese Tankstelle im minimalistischen Stil – ihr Spitzname ist »der Pilz«. Ursprünglich wurde sie als Prototyp für eine Reihe von Texaco-Tankstellen entworfen. Das Projekt wurde jedoch nie realisiert, und so ist die Skovshoved Tankstelle ein echtes Unikat.

260 KNIPPELSBRO KONTROLLTÜRME

Die Brücke verbindet Kopenhagens Zentrum mit Christianshavn.
Christianshavn ②

Die grünen Kontrolltürme der von Kaj Gottlieb entworfenen Knippelsbro sind Kopenhagens Wahrzeichen (zu sehen auf den 200-Kronen-Scheinen) und wurden nach einem Brückenwächter des 17. Jahrhunderts, Hans Knip, benannt. Die zwei Wachtürme stehen am Anfang und Ende der 115 Meter langen Klappbrücke über den Inderhavnen.

259 SKOVSHOVED TANKSTELLE

260 KNIPPELSBRO KONTROLLTÜRME

Die 5 erstaunlichsten Beispiele

NEUER DÄNISCHER ARCHITEKTUR

261 **TIETGEN STUDENTEN-WOHNHEIM**
Rued Langgaards Vej 10
Kopenhagen S ⑦

Das zylindrische, siebenstöckige Tietgen Studentenwohnheim wurde als Vision studentischen Wohnens der Zukunft vom Architekturbüro Lundgaard & Tranberg gestaltet. Im Jahr 2006 fertiggestellt, gilt es als Musterbeispiel effektiver Wohnraumgestaltung und bietet rund 400 Studenten Wohnraum.

262 **CIS NORDHAVN**
Levantkaj Vest
Inner Nordhavn
Kopenhagen Ø ⑤

Im Herzen von Nordhavn liegt der im Jahr 2016 fertiggestellte 25 000 Quadratmeter große Campus der Copenhagen International School (CIS), der vom Architekturbüro C. F. Møller entworfen wurde. Mit 12 000 Solarmodulen verkleidet, gilt es als eines der innovativsten und energieeffizientesten Schulgebäude der Welt.

263 **8TALLET**
Richard Mortensens Vej
Kopenhagen S ⑦
www.stallet.dk

Am südlichen Ende des Ørestad-Viertels liegt das 8Tallet (8-Haus), das in Form einer »Krawattenfliege« entworfen wurde. Im Gebäude der dänischen Architektengruppe BIG (Bjarke Ingels Group) logieren verschiedenste Unternehmen.

264 **KÖNIGLICH DÄNISCHE NATIONALOPER**

Ekvipagemestervej 10
Christianshavn ②
+45 3369 6969
www.kglteater.dk

Das Königlich Dänische Opernhaus liegt direkt gegenüber der Residenz der dänischen Königin und hat sich zum markantesten architektonischen Wahrzeichen der Stadt entwickelt. Vom dänischen Architekten Henning Larsen entworfen und 2004/2005 erbaut, stellt das Opernhaus auch Skulpturen des isländischen Bildhauers Olafur Eliasson aus.

265 **MOUNTAIN DWELLINGS**

Ørestads Boulevard 55
Kopenhagen S ⑦

Mountain Dwellings ist ein weiterer städtebaulicher Triumph vom Team der BIG-Architekten. Zwei Drittel des Gebäudes werden als Parkplätze genutzt, ein Drittel als Wohnungen. Diese befinden sich über den Betonparkplätzen. Der »künstliche Berg« unter ihnen schafft das Gelände für Terrassenwohnungen hoch über der Straße.

264 KÖNIGLICH DÄNISCHE NATIONALOPER

5 *Gründe, das* DÄNISCHE ARCHITEKTUR CENTER *zu besuchen*

DAC
Strandgade 27B
Christianshavn ②
+45 3257 1930
www.dac.dk

266 **WERDEN SIE EXPERTE DER ARCHITEKTUR**

Dänische Architektur und Design sind weltweit bekannt und hoch angesehen. Die Ausstellungen in Kopenhagens DAC bieten einen sehr guten Rahmen, die umfangreiche dänische Designertradition, die einzelnen Epochen, neue Bewegungen, jüngste Trends und berühmte Persönlichkeiten zu studieren.

267 **ARCHITEKTUR-FÜHRUNGEN**

Im Sommer bietet das Dänische Architektur Center jeden Sonntag englischsprachige Führungen durch Kopenhagen und ganzjährig durch die Ausstellungen an. Beide Touren sind äußerst interessant und gewähren tiefe Einblicke in das Wer, Was, Wann, Wo und Warum der dänischen Architektur.

268 KAFFEE TRINKEN MIT DER BESTEN AUSSICHT DER STADT

Das DAC&CAFE genießt ohne Zweifel eine der besten Aussichten der Stadt – auf der einen Seite blickt man über das Wasser, auf der anderen auf das Zentrum der Stadt. Hinzu kommt, dass das Essen kürzlich von der dänischen Zeitung *Politiken* mit 5 von 6 Punkten bewertet wurde. Tipp: Kommen Sie am Wochenende zum Brunch – samstags und sonntags zwischen 11 und 17 Uhr.

269 AKTIVITÄTEN FÜR KINDER JEDEN ALTERS

Jeden Sonntag bietet das DAC Familien die Möglichkeit, an Workshops teilzunehmen, die sich mit den derzeitigen Ausstellungen des Centers beschäftigen. Ob es nun ein LEGO-Bauseminar oder eine Zeichenstunde mit Bleistift und Farben ist – die Workshops sind für Kinder jeden Alters sehr lehrreich.

270 HANDVERLESENES SORTIMENT IM MUSEUMSLADEN

Wer nach einem einzigartigen Geschenk für einen zu Hause gebliebenen Designliebhaber sucht, wird sich über das wunderschöne Sortiment des DAC-Museumsladens freuen. Eine Vielfalt an handverlesenen Produkten in dänischem Design und Nordeuropas größte Sammlung an Architektur- und Designbüchern warten auf den Experten.

CHRISTIANSHAVN

75 ORTE, UM KOPENHAGEN ZU ERLEBEN

Die 5 besten Orte, um

EIN FAHRRAD AUSZULEIHEN

271 **BAISIKELI**
Ingerslevsgade 80
Kopenhagen V ③
+45 2670 0229
www.baisikeli.dk

Baisikeli ist Fahrradwerkstatt und -verleih in einem und tut viel Gutes in der Welt – der Name des Ladens ist Swahili für »Fahrrad«. Das Team von Baisikeli sucht in ganz Dänemark gebrauchte Fahrräder zusammen und schickt sie nach Afrika, wo die Secondhand-Fahrräder Jobs schaffen, die Fortbildung fördern und Transporte ermöglichen.

272 **CYKELBØRSEN**
Gothersgade 157
Kopenhagen K ①
+45 3314 0717
www.cykelborsen.dk

Schon seit 1881 steht der Name Cykelbørsen (Fahrradbörse) für gute Qualität, ob bei Verkauf, Reparatur oder Verleih von Fahrrädern. Der Gründer der Firma hat in seinem Leben angeblich mehr als 2000 Menschen das Fahrradfahren beigebracht.

273 **BIKE RENTAL COPENHAGEN**
Kongens Nytorv 8
Kopenhagen K ①
+45 3082 0095
www.bikerental copenhagen.dk

Bike Rental Copenhagen liegt im Herzen der Stadt und macht das Leihen eines Fahrrads sehr einfach, weil es nur drei Fahrradtypen gibt. Die zentrale Lage erleichtert die Annahme und Rückgabe. Tipp: Vorab online buchen und 20 Prozent Rabatt erhalten.

274 **BYCYKLEN**
Bredgade 36B
Kopenhagen K ①
+45 8988 3910
www.bycyklen.dk

Die weißen Stadträder von Bycyklen gibt es an zahlreichen Standorten in der ganzen Stadt. Der Kunde benötigt zum Mieten nur ein Konto beim Verleiher, das online mit einer E-Mail-Adresse und Kreditkarte eröffnet werden kann. Alle Stadträder sind mit einem elektrischen Motor, integrierten Schlössern, Licht und einem Gepäckträger ausgestattet.

275 **COPENHAGEN BICYCLES**
Nyhavn 44
Kopenhagen K ①
+45 3393 0404

Wer sich bei Copenhagen Bicycles eine Fahrrad ausleiht, kann für einen Aufpreis von 100 Kronen an der täglichen geführten Fahrradtour durch Kopenhagen teilnehmen. Alle Fahrräder verfügen über ein Schloss und Licht.

271 BAISIKELI

Die 5 charmantesten **STADTVIERTEL,** *die man erkunden sollte*

276 **BRUMLEBY**
zwischen Øster Allé
und Østerbrogade
Kopenhagen Ø ⑤

Die gelbe Miniaturstadt Brumleby wurde in den 1850er-Jahren erbaut und gilt als frühes Projekt des sozialen Wohnungsbaus in Dänemark. Gegründet wurde dieser Stadtteil von einer Gruppe von Ärzten während der Cholera-Epidemie von 1853. Heute ist Brumleby denkmalgeschützt und ein historisches Wahrzeichen der Stadt. Ein Hinweis: Denken Sie daran, dass es sich bei Brumleby um eine (sehr freundliche) Wohngegend handelt, und respektieren Sie beim Umherstreifen die Privatsphäre der Bewohner.

277 **OLUFSVEJ**
Kopenhagen Ø ⑤

Um die Ecke von Brumleby findet man eine einzige Straße, die mit grellbunten Reihenhäusern auf beiden Seiten gesäumt ist. Gewöhnlich spielen hier Kinder, und die Anwohner plaudern auf ihren Terrassen. Im Gegensatz zu Brumleby waren die ursprünglichen Hauseigentümer von Olufsvej hauptsächlich Künstler, Angestellte und Händler.

276 **BRUMLEBY**

278 **SKOVSHOVED**

278 **SKOVSHOVED**

Strandvejen 267
Charlottenlund ⑧

Das charmante Fischerdorf Skovshoved, dessen Geschichte bis ins 13. Jahrhundert zurückreicht, liegt im Norden von Kopenhagen und grenzt im Westen an den kürzlich erweiterten Skovshoved-Hafen. Die Frauen der lokalen Fischer waren dafür berühmt, jeden Tag den Fang auf ihren Rücken bis zu den Marktständen getragen zu haben. Bis heute reihen sich die historischen Häuser mit ihren Rieddächern in den engen Sträßchen des Dorfes aneinander.

279 **NYBODER**

zwischen Store Kongensgade, Øster Volagde und Sankt Pauls Gade
Kopenhagen K ①

Bereits im 17. Jahrhundert begann unter König Christian IV. der Bau der ockerfarbenen Gebäude von Nyboder (übersetzt neue, kleine Häuschen), ursprünglich wurden sie als Baracken von den Matrosen der Königlichen Marine genutzt. Das Viertel hat sich seit dem 18. Jahrhundert kaum verändert. Das charakteristische Gesamtwerk findet sogar in den Werken von Søren Kierkegaard und Hans Christian Andersen Erwähnung.

280 **FARIMAGSGADE-VIERTEL**

zwischen Øster Søgade und Øster Farimagsgade
Kopenhagen K ①

Häuser mit Terrassen wurden im Jahr 1870 im strengen englischen Reihenhausstil erbaut, um für die Ärmsten der Stadt eine gesunde Wohngegend zu schaffen – daher stammt auch der Spitzname »Kartoffelreihen«. Heute gehören diese charmanten Häuschen am See zu den begehrtesten Wohnräumen in Kopenhagens Zentrum.

Die 5 besten
AUSSICHTSPUNKTE

281 **RUNDER TURM**
Købmagergade 52A
Kopenhagen K ①
+45 3373 0373

Ursprünglich wurde der Rundetårn (Runde Turm) als Observatorium gebaut. Er ist eine der unscheinbarsten und am meisten unterschätzten Attraktionen der Stadt. Gegen eine kleine Gebühr können Besucher sich den Turm aus dem 17. Jahrhundert ansehen und die spiralförmige Rampe, die eigentlich für Pferde gebaut worden ist, bis zum Observatorium hinauflaufen. Der Anstieg ist ein wenig beschwerlich, aber die Aussicht von dort oben lohnt die Mühen.

282 **CHRISTIANSBORG SCHLOSSTURM**
Prins Jørgens Gård 1
Kopenhagen K ①
+45 3392 6492

Schloss Christiansborg, von den Einheimischen »Borgen« genannt, fungierte einst als Hauptresidenz des dänischen Königshauses, heute tagt dort das dänische Parlament. Während vieler Jahrzehnte war der 106 Meter hohe Schlossturm geschlossen, aber seit 2014 ist er wieder öffentlich zugänglich. Zum Glück gibt es einen Aufzug bis ins oberste Geschoss des Turmes. Und es kommt noch besser: Der Eintritt ist frei.

283 **SKY BAR & RESTAURANT**
IM BELLA SKY HOTEL
Center Boulevard 5
Kopenhagen S ⑦
+45 3247 3000
www.acbellasky copenhagen.dk

Was hat mehr Klasse, als ein Glas Champagner 75 Meter über den Straßen zu trinken und über das Meer nach Schweden zu schauen? Die ultraschicke Sky Bar & Restaurant ist zum Mittag- und Abendessen geöffnet und kombiniert umwerfende Aussicht mit exquisitem Essen auf die eleganteste Weise.

284 **STAR FLYER**
IN DEN TIVOLI-GÄRTEN
Vesterbrogade 3
Kopenhagen K ①
+45 3315 1001
www.tivoli.dk

Die berühmten Tivoli-Gärten werden für ihre wunderschöne Landschaftsarchitektur, ihren nostalgischen Charme und ihre extravagante saisonale Dekoration geliebt. Hoch über dem Park jedoch schaukeln und schwingen die Gondeln des »Star Flyer«, des höchsten Karussells Nordeuropas, die zu einer beschwingten 360-Grad-Tour (der einzigen in Kopenhagen) über die Stadt einladen.

285 **STICKS'N'SUSHI**
IM TIVOLI HOTEL
Arni Magnussons Gade 2
Kopenhagen V ③
+45 4487 0000
www.tivolihotel.com

Das Sticks'n'Sushi-Restaurant im Tivoli Hotel, das aussieht, als wäre es aus LEGO-Steinen erbaut worden, zählt bei den Einheimischen zu den beliebtesten Restaurants für besondere Anlässe und bietet bei Regen und Sonnenschein herrliche Aussichten. Von der großartigen Dachterrasse des Restaurants genießt der Gast einen Rundblick über das geschäftige Leben der Hauptstadt.

Die 5 besten TAGESAUSFLÜGE *von Kopenhagen aus*

286 **DRAGØR**
Dänemark

Dieses historische Fischerdorf liegt kurz vor Kopenhagen und ist ein Traum für jeden Fotografen: gelbe Häuschen mit Rieddächern, verwinkelte Straßen, versteckte Gassen, reizende Cafés am Wasser und ein hübscher Hafen aus dem 14. Jahrhundert. Wenn das Wetter gut ist, sollte man auch den netten Strand von Dragør nicht auslassen.

287 **VEN**
Schweden

Nur eine Stunde mit der Fähre von Kopenhagen entfernt liegt die kleine, isolierte schwedische Insel Ven. Sie ist mit Fahrradwegen durchzogen und von reizenden, kleinen Dörfern am Meer, Kirchen und Leuchttürmen gesäumt. Leihen Sie sich am besten ein Fahrrad, fahren Sie durch die Dörfer und kehren Sie in der exquisiten Whiskeybar Backafallsbyn ein, bevor es mit der Abendfähre zurück nach Kopenhagen geht.

288 MØNS KLINT

Insel Møn, Dänemark

Steil, leuchtend weiß und beeindruckend – die Klippen von Møn ragen imposant aus der sonst lieblichen dänischen Landschaft heraus. Die Kalkfelsen zählen zu den höchsten Erhebungen Dänemarks, ihr Umland wurde zum Naturschutzpark deklariert. Während der Sommermonate können die Besucher mit dem Bus aus Kopenhagen hierher gelangen.

289 BORNHOLM

Dänemark

Bornholm wird auch die »Sonneninsel« genannt. Man kann sie am besten kennenlernen, wenn man hier zwei bis drei Tage bleibt. Aber auch ein Besuch aus Kopenhagen an nur einem Tag ist möglich. Ihre Berühmtheit verdankt die Insel dem wunderbaren Wetter, den Wassersportmöglichkeiten, den erlesenen Boutiquen und dem entspannten Lebensstil – Bornholm ist das beliebteste Ziel der Kopenhagener für eine Auszeit.

290 LOUISIANA MUSEUM FÜR MODERNE KUNST

Gammel Strandvej 13
Humlebæk, Dänemark
+45 4919 0719
www.louisiana.dk

Fährt man ein kurze Strecke mit dem Zug von Kopenhagen die Küste hinauf, findet man das ruhige Städtchen Humlebæk, Heimat des Louisiana Museums für Moderne Kunst. Seinen Ruhm verdankt das Louisiana zum einen seiner Bauweise und Lage – mit weiten Blicken über das Meer –, zum anderen seiner internationalen Kunstkollektion. Tipp: Außer dem Museum sollten Sie auch das historische, nur einen Spaziergang entfernte Fischerdörfchen Sletten besuchen.

Die 5 besten

STRÄNDE UND BADEGELEGENHEITEN

291 **BELLEVUE-STRAND**
Strandvejen 340
Klampenborg ⑧

Im Norden der Stadt, nur ein paar Meter vom Bahnhof Klampenborg entfernt, liegt der angesagte Bellevue-Strand – 700 Meter Sandstrand, von Arne Jacobsen entworfene Wachtürme und der Ruf, FKK-Anhänger anzuziehen, schaffen ein klassisches »dänische Riviera«-Stranderlebnis.

292 **HAVNEBADET**
Islands Brygge 7
Christianshavn ②

Mitten im Herzen von Kopenhagen liegt Islands Brygge, eine bedeutsame Badegelegenheit für Einheimische. Das Havnebadet (Hafenbad) bietet nur das Beste für den Sommer in der City: Blicke auf die Stadt, eine Wiese zum Faulenzen und Grillen und den besten Sprungturm in der ganzen Stadt. Das Schwimmbad ist von Juni bis August geöffnet.

293 SEEBAD KASTRUP

Amager Strandvej 301
Kastrup ⑦

Im Winter erscheint das Seebad in Kastrup wie ein architektonisches Kuriosum: eine unbewohnte, wogende Muschel aus Holz, die in den Gewässern zwischen Dänemark und Schweden treibt. Im Sommer aber zieht das Seebad einheimische Sonnenanbeter, Schwimmer und Wagemutige an, die extra herkommen, um von den drei und fünf Meter hohen Sprungtürmen zu springen.

294 AMAGER STRANDPARK

Amager Strandvej 110
Kopenhagen S ⑦

Der Amager Strandpark ist ein einzigartiger Park in Kopenhagen, der eine abwechslungsreiche Auszeit in Stadtnähe verspricht: weite Strände, Graswiesen, Sportmöglichkeiten, Sanddünen und eine Vielzahl von Aktivitäten entlang des Wassers. Zum Strandpark gelangt man von Kopenhagen aus ganz einfach mit der Metrolinie M2.

295 CHARLOTTENLUND-STRAND

Strandvejen 150
Charlottenlund ⑧

Auf der östlichen Seite der Charlottenlund-Festung befinden sich ein kleiner Parkstreifen und ein Sandstrand, die fast gänzlich vom Lärm und Verkehr der angrenzenden Küstenhauptstraße abgeschirmt liegen. Wegen seiner ruhigen Lage ist der Strand von Charlottenlund so beliebt bei den Einheimischen und in jedem Fall ein Geheimtipp. Hier kann man die Festung besichtigen, die Segelboote, die aus dem nahe gelegenen Skovshoved Hafen auslaufen, bewundern oder einfach nur schwimmen.

291 **BELLEVUE-STRAND**

Die 5 besten Plätze zum
LEUTE BEOBACHTEN

296 NYHAVN
Kopenhagen K ①

In ganz Kopenhagen gibt es keinen besseren Ort als den Nyhavn, die meistbesuchte Gegend der Stadt, um Menschen zu beobachten – entweder aus der Perspektive der Cafés am Nordufer oder von einem ruhigeren Plätzchen am Südufer des Kanals aus.

297 AMAGERTORV
Kopenhagen K ①

Auf dem geschäftigen Amagertorv treffen die beiden wichtigsten Einkaufsstraßen und einige der bedeutendsten Plätze der Stadt aufeinander. Empfehlung: Nehmen Sie auf der Terrasse (oder am Fenster) des Café Europa 1989 Platz.

298 ISRAELS PLADS
Kopenhagen K ①

Zu Ehren der jüdischen Gemeinde Israels Plads genannt, kann man den kürzlich neu gestalteten Platz durchaus als innovativ, urban und lebhaft beschreiben. Basketballspieler, skatende Kids und Antiquitätenhändler sorgen für Unterhaltung. Holen Sie sich an einem der Torvehallerne-Stände einen Imbiss, und beobachten Sie anschließend genüsslich die Leute.

299 GÄRTEN VON FREDERIKSBERG

Frederiksberg Runddel 1A
Frederiksberg ⑥
+45 3395 4200

Die weitläufigen Gärten von Frederiksberg bieten eine Vielfalt an Aktivitäten: einen Zoo, Spielplätze, Ruderboote auf dem See, das sogenannte Schweizerhaus, einen römischen Miniaturtempel und einen echten dänischen Palast. Leute kann man allerdings am besten von den weiten, offenen Wiesen aus studieren.

300 RÅDHUSPLADSEN

Kopenhagen K ①

Nur ein paar Schritte von den überaus beliebten Tivoli-Gärten und dem Hauptbahnhof entfernt, strömen bei Tag und bei Nacht wahre Menschenmassen über den Rathausplatz.

296 NYHAVN

Die 5 schönsten

PARKS NAHE DEM STADTZENTRUM

301 **BOTANISCHER GARTEN**
Øster Farimagsgade 2B
Kopenhagen K ①
+45 3532 2222

Der botanische Garten ist eine äußerst erfreuliche Mischung aus Freiluftlabor, Stadtpark und Abenteuerspielplatz. 13 000 Pflanzenarten gedeihen hier auf zehn Hektar weitläufigen Landes – ein herrlicher Ort zum Umherwandern. Besuchen Sie unbedingt das beeindruckende gläserne Palmenhaus aus dem 19. Jahrhundert!

302 **GARTEN DER KÖNIGLICHEN BIBLIOTHEK**
Søren Kierkegaards Plads 1
Kopenhagen K ①
+45 3395 4200

Versteckt zwischen dem dänischen Parlamentsgebäude und der Königlichen Bibliothek, verborgen hinter einer hohen Steinmauer, liegt der elegante und leicht zu übersehende Garten der Königlichen Bibliothek, ein wunderschöner Ort für einen Snack vom Imbissstand oder einfach nur zum Lesen.

303 **ØRSTEDSPARKEN**
Nørre Voldgade 1
Kopenhagen K ①

Die weiten Hügel, die mächtigen Bäume und der See in der Mitte schaffen den Eindruck einer natürlichen Waldlandschaft. Dutzende Monumente und klassische Skulpturen verleihen dem Park seine skurrile Einzigartigkeit.

304 ROSENBORG SCHLOSSGARTEN

Gothersgade 11
Kopenhagen K ①
+45 3395 4200

Dieser beliebte Park kann alles bieten: ein Renaissanceschloss, einen Rosengarten, weite, offene Wiesen und nette Cafés im Umkreis. Im Volksmund wird er »Kongens Have« (Garten des Königs) genannt. Hierher kommen die Kopenhagener beim ersten Sonnenstrahl.

305 KASTELLET

Gl. Hovedvagt
Kastellet 1
Kopenhagen K ①

Dort, wo Østerbro und das Zentrum Kopenhagens aufeinandertreffen, liegt die historische Militärzitadelle, die als »Kastellet« bekannt ist. Heute steht der Park der Bevölkerung zur Verfügung. Vor allem der äußere, grüne Ring und die sonnigen Flächen im Inneren sind bei Joggern und Spaziergängern sehr beliebt.

305 KASTELLET

Die 5 besten JÄHRLICHEN EVENTS, *die man erleben sollte*

306 **WEIHNACHTEN**
IN DEN TIVOLI-GÄRTEN
Vesterbrogade 3
Kopenhagen K ①
+45 3315 1001
www.tivoli.dk

Für sechs Wochen im Jahr verwandeln sich die historischen Tivoli-Gärten von einem sonnigen Jahrmarkt in ein magisches Winterwunderland. Weihnachtslichter, traditionelle Imbissstände, Märkte mit Geschenkartikeln, dänischer Glühwein, festliche Konzerte und der Weihnachtsmann höchstpersönlich: Weihnachten im Tivoli ist ein unvergessliches Erlebnis für Kinder jeden Alters.

307 **SANKTHANS AFTEN**

Sankthans ist ein nationaler Feiertag, an dem das Festmahl von Johannes dem Täufer gefeiert wird. Im alten Dänemark herrschte der Glaube, dass die Hexen in der Nacht der Sonnenwende herauskommen und herumfliegen würden. Daher sahen sich die Dörfer gezwungen, große Lagerfeuer anzuzünden, um die Hexen zu verjagen. Heute feiern die Dänen Sankthans immer noch im Juni – um das Datum der Mittsommernacht – mit Strandpartys, großen Abendessen mit der Familie und natürlich Lagerfeuern.

308 CPH:DOX

cphdox.dk

CPH:DOX ist das drittgrößte Dokumentarfilmfestival der Welt. Seit 2003 hat das expandierende Festival Kopenhagens Kinos mit über 200 Filmen aus der ganzen Welt beehrt. Das Programm schließt auch Konzerte, Branchentreffen, Vorträge und Kunstausstellungen mit ein.

309 KOPENHAGENER KULTURNACHT

www.kulturnatten.dk

Im Oktober organisiert die Stadtverwaltung Kopenhagens ein riesiges Kulturprogramm, das allen offensteht. Viele Museen und Regierungsgebäude laden dann eine Nacht lang zu Besuchen und Vorträgen ein. Geliebt wird dieses Festival aber vor allem, weil hier ganz besondere, unterhaltsame, teils auch merkwürdige Veranstaltungen stattfinden, wie es sie nur einmal im Jahr – eben bei der *Kulturnatten* (Kulturnacht) – gibt: ein Gebäude aus menschlichen Körpern, Schwimmen um Mitternacht, Spaziergänge mit den Geistern auf dem Friedhof, die Ausstellung von Leichen …

310 NORTHMODERN, MÖBEL- UND LIFESTYLE-MESSE

www.northmodern.com

2015 gegründet, präsentiert sich die erfolgreiche Northmodern-Messe als öffentliche »Zurschaustellung des holistischen, nachhaltigen, zeitgemäßen Lebensstils«. Das Design-Event bringt zweimal im Jahr das kreative Gewerbe in der nordischen Region zusammen und bietet einmalige Erfahrungen für Profis, künftige Genies und Designliebhaber.

5 *Drehorte, die man aus den* NORDIC-NOIR-FERNSEHSERIEN *kennt*

311 **JESUSKIRCHE**
Kirkevænget 5A
Valby ⑥
+45 3630 3579
www.jesuskirken.dk

Die ungewöhnliche, italienisch anmutende Jesuskirche in Valby wurde vom Biermagnaten Carl Jacobsen von Carlsberg Bier in Auftrag gegeben. Seine Familie liegt hier in der Gruft begraben. In der Jesuskirche wurden Beerdigungsszenen der beliebten dänischen Fernsehserie *Borgen* (2010–2013) gedreht. Tipp: Halten Sie Ausschau nach der Statue »Troll, der christliches Blut riecht«.

312 **POLIZEIHAUPTQUARTIER**
Politigården
Kopenhagen K ①
+45 3314 1448

1924 gebaut, gilt Politigården (Hauptquartier der Polizei) als Meisterstück des nüchternen Neoklassizismus und ist Fans von *Die Brücke*, *Kommissarin Lund – Das Verbrechen* und anderen beliebten dänischen Krimiserien wohlbekannt.

313 **HUMLEBY-VIERTEL**
Ernst Meyers Gade
Kopenhagen V ③
www.humleby.dk

Diese »Stadt in der Stadt« mit ihren gelben Backsteinhäusern wurde in den 1880er-Jahren als Wohnsiedlung für Angestellte der Firma Burmeister & Wain gebaut. Das charmante Viertel wird in mehreren Folgen der Serie *Kommissarin Lund – Das Verbrechen* (2007–2012) gezeigt.

314 ØRESUNDBRÜCKE

Die im Juli 2000 eröffnete Øresundbrücke ist die wichtigste Verbindung – für Autos und die Bahn – zwischen Kopenhagen und dem schwedischen Malmö. Die elegante Form der Brücke kann man von beiden Ländern gleich gut bewundern. Sie war der zentrale Drehort für die ersten Episoden der dänisch-schwedischen Krimiproduktion *Die Brücke*.

315 DÄNISCHES PARLAMENT

Christiansborg Slot 1
Kopenhagen K ①
+45 3337 3221

Der Titel der Serie *Borgen* beruht auf dem Spitznamen von Christiansborg, dem prächtigen Sitz des dänischen Parlaments, der dänischen Verfassung und der Büros des Premierministers. Tipp: Sehen Sie auf der Webseite nach, wann die kostenlosen, englischen Führungen durch Christiansborg stattfinden.

312 POLIZEIHAUPTQUARTIER

Die 5 besten Gründe, die FREISTADT CHRISTIANIA zu besuchen

316 DIE SCHÖNHEIT IHRER NATUR

Christianshavn ②

Die meisten Leute kennen Christiania als eine Hippie-Kommune, die in den 1970er-Jahren gegründet wurde. Viele Menschen schätzen sie als Zentrum der Gegenkultur in Kopenhagen. Aber Christiania ist auch ein Ort, an dem Haschisch – das genau genommen immer noch illegal ist – gehandelt und in der Öffentlichkeit geraucht wird. Was viele nicht wissen, ist, dass dieses Viertel mit einer herrlichen Natur gesegnet ist: Vor allem der See, der Kanal und der alte Baumbestand schaffen eine reizende Umgebung.

317 ARCHITEKTUR OHNE ARCHITEKTEN

Christianshavn ②

Ein weiterer Grund, Christiania zu erkunden, ist die kuriose, anarchische Architektur der Wohnhäuser in der Freistadt. Die meisten wurden von den Bewohnern – oder ihren Vorbesitzern – aus Materialien erbaut, die sie selbst irgendwo gefunden haben. Deshalb sehen die Häuser auch ganz anders aus als alle anderen Gebäude in Kopenhagen. Nehmen Sie bitte Rücksicht auf die Bewohner und deren Privatsphäre!

319 DIE KUNSTSCHMIEDE UND -GALERIE DER FRAUEN

318 **EINE MAHLZEIT IM CAFÉ NEMOLAND**

Fabriksområdet 52
Christianshavn ②
+45 3295 8931
www.nemoland.dk

Das große Freiluft-Musikcafé mit Biergarten ist als Nemoland bekannt und der beste Ort in ganz Christiania, um sich mal zurückzulehnen und nach guter, alter Manier Leute zu beobachten. Die Gerichte, meist biologisch, überraschen mit exzellenter Qualität, und die Stimmung ist freundlich, entspannt und offen gegenüber Besuchern.

319 **DIE KUNSTSCHMIEDE UND -GALERIE DER FRAUEN**

Mælkevejen 83E
Christianshavn ②
+45 3257 7658
www.kvindesmedien.dk

Seit zwei Jahrzehnten zählt die *Kvindesmedien* (die Kunstschmiede der Frauen) zu Christianias renommiertesten Kunstwerkstätten. Die drei Frauen, die sie leiten, Dorte Eilenberger, Charlotte Stern und Gitte Christensen, sind gefeierte Künstlerinnen. Ihre Arbeiten wurden bereits in den wichtigsten Galerien der Stadt ausgestellt.

320 **KOPENHAGENS ANDERES GESICHT**

Christianshavn ②

Ein Nachmittag in Christiania ist nicht nach jedermanns Geschmack – vor allem nicht, wenn man empfindlich auf den offenen Gebrauch von Drogen, auf mit Graffiti bemalte Wände und/oder frei streunende Katzen und Hunde reagiert. Was die meisten Besucher dennoch schätzen, ist, dass Christiania einen verblüffend bunten Kontrast zum Rest der aufgeräumten dänischen Hauptstadt bietet. Die Gegend ist übrigens im Allgemeinen recht sicher, dennoch ist es besser, achtsam zu sein. Machen Sie keine Fotos in und um die Pusher Street.

Die 5 interessantesten

GRÄBER AUF DEM ASSISTENS KIRKEGÅRD

Kapelvej 4
Kopenhagen N ④
+45 3537 1917

321 **NIELS BOHR**
(1885–1962)

Niels Bohr war der wichtigste dänische Wissenschaftler des 20. Jahrhunderts und eine Schlüsselfigur in der Entwicklung der modernen Physik, der Quantentheorie und der Nuklearenergie. Er half den Alliierten, das Manhatten-Projekt zu entwickeln, und war nach dem Zweiten Weltkrieg Mitgründer des CERN-Labors in der Schweiz.

322 **BEN WEBSTER**
(1909–1973)

Die amerikanische Jazzlegende Ben Webster arbeitete mit den berühmtesten Jazzgrößen aller Zeiten zusammen: Duke Ellington, Coleman Hawkins, Art Tatum und vielen anderen. Er verbrachte seine letzten Lebensjahre in Kopenhagen. Seit seinem Tod fließen die Gelder seiner Musikrechte in Projekte, die die Jazzmusik in Dänemark unterstützen.

323 GIERTRUD BIRGITTE BODENHOFF
(1779–1798)

Jeder Friedhof rühmt sich mindestens einer Geistergeschichte. Der Geist von Assistens Kirkegård heißt Giertrud Bodenhoff. Sie heiratete mit 17 Jahren, war jedoch mit 19 schon Witwe. Die Legende - mittlerweile wird sie übrigens von wissenschaftlichen Untersuchungen gestützt - besagt, dass Giertrud 1798 versehentlich unter Anästhesie lebendig begraben wurde. Grabräuber erweckten sie, nur um sie danach zu ermorden.

324 HANS CHRISTIAN ØRSTED
(1777–1851)

Der zweite berühmte Hans Christian, der auf dem Assistens Kirkegård begraben wurde, ist der dänische Poet und Wissenschaftler H. C. Ørsted, der 1820 den Elektromagnetismus entdeckte. Ørsteds Gesetz, das die wissenschaftliche Grundlage des Verhältnisses zwischen elektrischem Strom und Magnetfeldern erklärt, sorgt für seine Unsterblichkeit.

325 JACOB MILLING
(1863–1912)

Der dänische Ingenieur Jacob Milling starb auf seiner Reise in die USA (er wollte dort Eisenbahntechnik studieren), als die Titanic am 15. April 1912 sank. Der Leichnam des 48-jährigen Ehemanns und Vaters wurde später geborgen und nach Kopenhagen überführt, um auf dem Assistens Kirkegård beigesetzt zu werden.

ASSISTENS KIRKEGÅRD

Die 5 besten Orte, um den »COPENHAGEN PRIDE« zu erleben

326 **RATHAUS VON KOPENHAGEN**
Rådhuspladsen 1
Kopenhagen K ①
+45 3366 2585
www.kk.dk

Dänemark war im Jahr 1989 das erste Land, das gleichgeschlechtliche Partnerschaften legal anerkannte. Am 1. Oktober desselben Jahres heirateten die dänischen Aktivisten für Schwulenrechte, Axel Lundahl-Madsen und Eigil Eskildsen, zusammen mit zehn anderen Paaren im Kopenhagener Rathaus. Seit 2012 können sich auch gleichgeschlechtliche Paare in der Dänischen Volkskirche trauen lassen.

327 **CAFÉ INTIME**
Allegade 25
Frederiksberg ⑥
+45 3834 1958
www.cafeintime.dk

Das Café Intime ist schon seit den 1920er-Jahren eine schwulenfreundliche Bar. Heute zählt diese elegante Klavierbar im Stil der alten Jazzclubs zu den klassischen Schwulentreffs der Stadt und ist jede Nacht bis 2 Uhr morgens geöffnet. Jede Woche finden mehrere Events statt, zu denen eine Drag-Show und Livejazz jeden Sonntag gehören.

328 **JAILHOUSE CPH**
Studiestræde 12
Kopenhagen K ①
+45 3315 2255
www.jailhousecph.dk

Diese skurrile Schwulenbar mit Restaurant im Stile eines Gefängnisses ist einzigartig. Das Personal an der Bar trägt Wachmannuniformen, jeden Tag von 15–21 Uhr ist Happy Hour. Regelmäßig werden Themenabende veranstaltet (Quiznächte, ABBA- oder Matrosennacht u. v. m.) – klar ist, dass man hier sehr viel Spaß haben kann.

329 **VELA GAY CLUB**
Viktoriagade 2
Kopenhagen V ③
+45 3331 3419
www.velagayclub.dk

Vela ist einer der wenigen Clubs für Lesben, ein lebendiger Treffpunkt mit interessantem Programm: Tischfußball-Turniere, Gast-DJs, Poesienächte und regelmäßig Livemusik – im Vela wird ständig Party gefeiert. Tipp: Bestellen Sie hier keine Cocktails – im Vela werden sie »Pussytails« genannt.

330 **COPENHAGEN PRIDE WEEK**
www.copenhagenpride.dk

Komplett von Freiwilligen organisiert und durchgeführt, will die Copenhagen Pride der LGBT-Gemeinde Kopenhagens eine sichtbare Plattform bieten und sie bestmöglichst repräsentieren. Alljährlich im August zieht die Copenhagen Pride Week zahlreiche LGBTs und deren Unterstützer an, um sich am »Pride Square« zu versammeln und die festliche Pride-Week-Parade durch Kopenhagen anzutreten.

Die 5 faszinierendsten BESONDERHEITEN IN DER STADT

331 **WACHABLÖSUNG DER KÖNIGLICHEN LEIBGARDE**

Die Wachablösung der Königlichen Leibgarde ist eines der bekanntesten und atemberaubendsten Ereignisse in Kopenhagen. Jeden Tag verlassen die neuen Wachen ihre Quartiere im Schloss Rosenberg um exakt 11:27 Uhr und marschieren auf einer der vielen Routen zum Schloss Amalienborg, um dort genau um 12:00 Uhr mittags den Wachwechsel vorzunehmen.

332 **KANONENSALUT ZUM SONNENAUF- UND SONNENUNTERGANG**

Die historische Militärbatterie von König Christian IV. liegt im Hafen von Kopenhagen, genau gegenüber der berüchtigten Statue der Kleinen Meerjungfrau. Jeden Tag zum Sonnenauf- und Sonnenuntergang feuern die Soldaten der Batterie Sixtus einen Kanonenschoss ab, der das offizielle Hissen und Einholen der dänischen Flagge, des *Dannebrog*, an der Festung begleitet. Abhängig von der Position in der Stadt – und der Windrichtung – hört man das Kanonenfeuer jeden Tag.

333 FAHRRAD-ZÄHLER IN KOPENHAGEN

Kopenhagen hat elektronische Fahrrad-Zähler an verschiedenen Stellen in der Stadt aufgestellt. Diese helfen den Stadtplanern, Entwicklungen der Fahrradnutzung zu beobachten. Der Zähler, den man am einfachsten findet, steht auf der Dronning-Louises-Brücke, die die Kopenhagener Seen überspannt – sie gehört zu den am häufigsten frequentierten Fahrradstrecken der Stadt.

334 CYKELSLANGEN-BRÜCKE MIT DEM FAHRRAD ÜBERQUEREN

Westeingang:
Kalvebod Brygge 59
Kopenhagen V ③

Die 230 Meter lange *Cykelslangen* (die Fahrradschlange) führt über das innere Hafenbecken Kopenhagens. Die Brücke darf nur von Fahrradfahrern benutzt werden und ist eine Abkürzung, die Islands Brygge und das geschäftige Viertel Vesterbro verbindet. Die grell bemalte *Cykelslangen* wurde vom Architekturbüro DISSING+WEITLING entworfen und wird täglich von 12.000 Fahrradfahrern benutzt. Jeder Fahrradfan muss sie unbedingt einmal überqueren.

335 KOSTENLOSER BUCHTAUSCH

An fünf Stellen in der nördlich von Kopenhagen gelegenen Kommune Gentofte – etwa nahe der Kreuzung zwischen der Ahlmanns Allé und der Duntzfelts Allé in Hellerup – kann man sogenannte *bogbørsen* (frei stehende, drei Meter hohe, glasverkleidete Buchschränke) finden. Hier kann man Bücher, auch englischsprachige, mit anderen tauschen.

Die 5
KURIOSESTEN RELIKTE
aus Kopenhagens Vergangenheit

336 **HULDREMOSE-FRAU**
Dänisches National Museum
Ny Vestergade 10
Kopenhagen K ①
+45 3313 4411
www.natmus.dk

Dieses mumifizierte Relikt aus der Eisenzeit wurde 1879 im Westen Dänemarks gefunden und ist heute einer der Schätze des Nationalmuseums in Kopenhagen. Die Huldremose-Frau lag über 200 Jahre perfekt konserviert in einem sauerstoffarmen Moor. Als sie entdeckt wurde, trug sie gut erhaltene, schön gearbeitete Kleidung aus Leder und Wolle.

337 **CISTERNERNE**
Søndermarken
Frederiksberg ⑥
+45 3073 8032
www.cisternerne.dk

Dieses versteckte Geheimnis ist im wahrsten Sinne des Wortes unter der Erde verborgen. Die Zisternen liegen unter dem Søndermarken-Park, gleich gegenüber von Schloss Frederiksberg, und waren einst ein Wasserreservoir für 16 Millionen Liter Trinkwasser. Heute fungieren sie als Kopenhagens außergewöhnlichste Bühne für Kunstausstellungen, Aufführungen und Events. Tipp: Prüfen Sie unbedingt die Öffnungszeiten online, da sich diese häufig ändern.

338 WORMIANUM-MUSEUM

TEIL DES DÄNISCHEN GEOLOGIEMUSEUMS

Øster Voldgade 5-7
Kopenhagen K ①
+45 3532 2222
www.geologi.snm.ku.dk

Das Wormianum ist eine Rekonstruktion von Dänemarks erstem Museum, das ursprünglich im 17. Jahrhundert vom Wissenschaftler Ole Worm gegründet worden war. Kunstvoll präsentiert, zeigt es eine Sammlung hochinteressanter Objekte aus der ganzen Welt. Hier kann man zum Beispiel den »Oberschenkelknochen eines Riesen«, eine »Waffensammlung der Ureinwohner« oder das »Horn eines Einhorns« bestaunen – dies ist wahrscheinlich der faszinierendste Ort in ganz Dänemark.

339 BØRSEN

Børsgade 1
Kopenhagen K ①
+45 3374 6000
www.borsbygningen.dk

1640 fertiggestellt, hat die Börse von König Christian IV. schon so einige Feuer und gewalttätige Belagerungen der Stadt überlebt. Das Geheimnis dahinter ist wohl der 56 Meter hohe, spiralförmige Drachenschwanz-Turm, der – so die Legende – die Börse immer geschützt hat.

340 TUBORG-FLASCHE

Dessaus Boulevard 4
Hellerup ⑧

Im Jahr 1873 gegründet, war Tuborg für lange Zeit der Rivale von Carlsberg, bis die beiden dänischen Brauereien im Jahr 1970 fusionierten. Heute steht die 26 Meter hohe Tuborg-Bierflasche an der Ecke des alten Brauereigeländes in Hellerup. Ursprünglich ist sie als Observatorium erbaut worden.

Die 5 entzückendsten
FARBENFROHEN STRASSEN UND PLÄTZE

341 GRÅBRØDRETORV
Kopenhagen K ①

Den extravagant bunten Gråbrødretorv (Platz der Grauen Brüder) sollte man von der Kreuzung zwischen Niels Hemmingsen Gade und Løvstræde aus betreten, denn dieser Zugang stellt die gemütliche, urbane Oase ins beste Licht. Ob an den dunklen Tagen des Winter oder den langen des dänischen Sommers – dieser ruhige Platz ist einer der hübschesten, aber oft übersehenen Orte der Stadt.

342 WILDERSGADE
Christianshavn ②

Ob man sich nun per Fahrrad über die Knippelsbro Christianshavn nähert oder an der Metrostation Christianshavn aussteigt – in der Wildersgade findet man reizende historische Architektur vor. Die Straße endet am Christianshavn-Kanal. Während das Südende der Wildersgade eine Mischung aus alten und modernen Gebäuden birgt, herrscht im nördlichen Teil der Straße, an der Torvegade, eine durch und durch lustige und lebhafte Kopenhagener Stimmung.

343 **PISTOLSTRÆDE**
Kopenhagen K ①

Es gibt zwar einige Zugänge zur versteckten Pistolstræde, aber am besten betritt man die Gasse durch den baumgesäumten Eingang an der Ny Østergade, ganz in der Nähe der Haupteinkaufsstraße und des Kongens Nytorv. Halten Sie Ausschau nach dem Torbogen (zwischen Ny Østergade 9 und 11) gegenüber dem Café Victor.

344 **STUDIESTRÆDE**
Kopenhagen K ①

Die Studiestræde verläuft von der Kopenhagener Kathedrale im Norden bis zum Kopenhagener Theaterviertel (in der Nähe des Bahnhofs Vesterport) im Süden. Man sollte sich ein wenig Zeit nehmen, um die Vielfältigkeit dieser Straße – Geschäfte, Gebäude, Innenhöfe und Menschen – genießen zu können.

345 **LARSBJØRNSSTRÆDE**
Kopenhagen K ①

Larsbjørnsstræde ist eine farbenfrohe Fußgängerzone, in der sich zahlreiche Bars, Boutiquen und Cafés aneinanderreihen. Nördlich geht sie in die Teglgårdstræde über, südlich in die Kattesundet und die Hestemøllestræde. Tipp: Wenn Sie vom Ørsted-Park kommen und Richtung Süden laufen, sollten Sie an der Kompagnistræde links abbiegen – dann stoßen Sie auf eine weitere interessante Straße mit vielen architektonischen Kuriositäten.

40 ORTE FÜR DEN KULTURGENUSS

Die 5 besten Orte für STRASSENKUNST

346 **PEACE 69**
Jagtvej 69
Kopenhagen N ④

Im Sommer 2011 schuf der amerikanische Straßenkünstler Shepard Fairey drei riesige Wandgemälde in Kopenhagen: das kontroverse *Peace 69*, eines namens *Guns and Roses* und eines, das die arabische Frau zelebriert. Heute gibt es nur noch *Peace 69* im Jagtvej – und auch das wurde von Vandalen beschädigt.

347 **WESTEND-PASSAGE**
zwischen Vesterbrogade 65 und 67
Kopenhagen V ③

Gleich hinter der geschäftigen Durchgangsstraße Vesterbrogade liegt der kleine Tunnel der Westend-Passage. Alle drei bis fünf Wochen darf ein anderer Künstler die Wände des Tunnels seiner Vorstellung nach bemalen – so entsteht eine dynamische Galerie aus Straßenkunst.

348 **SUPERKILEN URBAN PARK**
Heimdalsgade
Kopenhagen N ④

Superkilen ist ein mit Preisen ausgezeichnetes Projekt aus drei Teilen: einem rotem Platz, einem schwarzen Markt und einem grünen Park. Ziel war es, die Diversität des Kopenhagener Nordens zu zelebrieren, wo Menschen aus über 50 Ländern leben – sie sollen sich eingeladen fühlen, an diesem Ort zusammenzukommen.

349 **KONGENS NYTORV METRO-BAUSTELLE**

Kongens Nytorv
Kopenhagen K ①

Die grünen Wände, die die Baustelle der Metro am Kongens Nytorv im Stadtzentrum umgeben, haben schon so einige beeindruckende und interaktive Kunstinstallationen getragen. Die Kunstwerke ändern sich häufig.Schauen Sie am besten einfach vorbei und sehen Sie, was es Neues gibt.

350 **V1 GALLERY**

Flæsketorvet 69-71
Kopenhagen V ③
+45 3331 0321
www.v1gallery.com

Die V1 Gallery wurde 2002 gegründet und schafft Platz für alle Arten von Kunst (auch Straßenkunst), die dort nicht nur betrachtet wird, sondern darüber hinaus als Grundlage für soziale, politische und kulturelle Diskussionen dient. Der Schwerpunkt liegt auf jungen Kreativen, die sich mit urbanen Themen auseinandersetzen.

350 **V1 GALLERY**

Die 5 inspirierendsten
KUNSTMUSEEN

351 **ORDRUPGAARD**
Vilvordevej 110
Charlottenlund ⑧
+45 3964 1183
www.ordrupgaard.dk

Ursprünglich sollte das Museum ein privates Wohnhaus im Wald werden, doch dann veredelte es die berühmte Architektin Zaha Hadid Ordrupgaard mit einem fantastischen Anbau. Die Dauerausstellung enthält Werke von Degas, Renoir, Monet, Cézanne, Gauguin und Matisse. Der Eintritt beinhaltet die Besichtigung des denkmalgeschützten Hauses des dänischen Architekten Finn Juhl.

352 **SAMMLUNG HIRSCHSPRUNG**
Stockholmsgade 20
Kopenhagen K ①
+45 3542 0336
www.hirschsprung.dk

Die Sammlung Hirschsprung, ein kleines, aber feines Museum am Østre-Anlæg-Park, zelebriert die dänische Kunst des 19. und frühen 20. Jahrhunderts, vom dänischen Goldenen Zeitalter bis zu den Frühzeiten der Moderne.

353 **ARKEN MUSEUM FÜR MODERNE KUNST**
Skovvej 100
Ishøj ⑧
+45 4354 0222
www.arken.dk

Das beeindruckende ARKEN Museum liegt im Süden Kopenhagens. Die ständige Sammlung konzentriert sich auf moderne dänische, nordische und internationale Kunst nach 1990 und setzt Höhepunkte mit Werken von Ai Weiwei, Damien Hirst und Olafur Eliasson.

354 **THORVALDSENS MUSEUM**

Bertel Thorvaldsens Plads 2
Kopenhagen K ①
+45 3332 1532
www.thorvaldsensmuseum.dk

Die Sammlung dieses Museums konzentriert sich gänzlich auf das Werk eines einzelnen Mannes: des dänischen Meisters der Bildhauerei, Bertel Thorvaldsen (1170–1844). Im Jahr 1838 vermachte der Künstler all seine Werke der Stadt Kopenhagen. Tipp: Mittwochs ist der Eintritt frei.

355 **KUNSTHAL CHARLOTTENBORG**

Kongens Nytorv 1
Kopenhagen K ①
+45 3374 4639
www.kunsthalcharlottenborg.dk

Dieser historische Palast beheimatet eine der Kunsthallen Kopenhagens, die gerne übersehen wird: die Charlottenborg-Kunsthalle, die offizielle Ausstellungsgalerie der Dänischen Königlichen Akademie der Künste. Statten Sie auch dem hübschen Café und dem Buchladen im Museum einen Besuch ab.

351 ORDRUPGAARD

352 SAMMLUNG HIRSCHSPRUNG

357 CARL JACOBSENS SAMMLUNG DER ANTIKEN GESCHICHTE

5 Gründe, die NY CARLSBERG GLYPTOTHEK zu besuchen

Dantes Plads 7
Kopenhagen K ①
+45 3341 8141
www.glyptoteket.com

356 **DIE ARCHITEKTUR**

Die Ny Carlsberg Glyptothek weist eine wahrhaft eindrucksvolle Sammlung auf, aber schon das Gebäude selbst ist eines von Kopenhagens am meisten gefeierten Werken historischer Baukunst.

357 **NORDEUROPAS GRÖSSTE SAMMLUNG ANTIKER KUNSTWERKE**

Der Braukönig Carl Jacobsen von Carlsberg hat diese Kollektion, die nun in der Glyptothek ein Zuhause gefunden hat, seine ganzes Leben lang zusammengetragen. Seit seinem Tod im Jahr 1914 ist sie auf über 10 000 Objekte angewachsen, unter anderem wurde sie durch Werke von unschätzbarem Wert aus der ägyptischen, griechischen und italienischen Antike ergänzt.

358 DER WINTERGARTEN UND DAS CAFÉ DER GLYPTOTHEK

Zwischen den beiden Hauptgebäuden ragt ein gläserner Dom hervor: der mit Palmen bepflanzte Wintergarten. Egal, wie das Wetter draußen ist, dieser Raum fühlt sich immer an wie eine tropische Oase. Glücklicherweise liegt auch das Café des Museums im Wintergarten.

359 DIE EUROPÄISCHEN GEMÄLDE

Obwohl kleiner als die Skulpturensammlung, ist auch die Kollektion europäischer Gemälde in der Glyptothek in ihrer Vielfalt und Qualität herausragend: Sie zeigt Arbeiten von Picasso, Delacroix, van Gogh, Toulouse-Lautrec, Vuillard und Gauguin. Besonders beeindruckend sind Édouard Manets Werke *Die Erschießung Kaiser Maximilians von Mexiko* (1867) und *Der Absinthtrinker* (1859).

360 DIE (AUSGEFALLENEN) MEISTERSTÜCKE

In der Ny Carlsberg Glyptothek befinden sich zweifelsohne Meisterstücke von unschätzbarem Wert. Zu den interessantesten gehören aber eher ausgefallene Werke, zum Beispiel ein 3000 Jahre altes geschnitztes Nilpferd aus Holz, die *Nasothek* (eine Sammlung an Nasenmodellen beschädigter Kunstwerke), die hellenistische Skulptur eines schlafenden schwarzen Jungen, die Bronzeplastik eines Tigers, der mit einem Krokodil kämpft, Max Ernsts surrealistisches Gemälde *Gala Eluard* und Kai Nelsons wunderschöne Brunnenfigur *Wassermutter*.

Die 5 besten

NICHT-KUNST-MUSEEN

361 **FREILICHTMUSEUM (FRILANDSMUSEET)**
Kongevejen 100
Kongens Lyngby ⑧
+45 4120 6455 (Sommer)
+45 3313 4411 (Winter)
www.natmus.dk

Dieses Freilichtmuseum (freier Eintritt) gibt dem Besucher die Möglichkeit, in Dänemarks landwirtschaftliche Vergangenheit einzutauchen. Mit über 50 historischen Wohnhäusern, Bauernhöfen und Gärten soll das traditionelle Landleben bewahrt und gewürdigt werden. Auch dem benachbarten Brede Værk sollte man einen Besuch abstatten.

362 **KAREN BLIXEN MUSEUM**
Rungsted Strandvej 111
Rungsted Kyst ⑧
+45 4557 1057
www.blixen.dk

In der nördlich von Kopenhagen gelegenen Hafenstadt Rungsted befindet sich Rungstedlund, die Heimat der beliebten dänischen Schriftstellerin Karen Blixen (1885–1962). Ihr Haus ist vollständig erhalten und dient heute als Museum. Es präsentiert ihr Leben, ihre Bücher und ihre Zeichnungen sowie ihre Zeit in Kenia, die sie in ihrem autobiografischen Roman *Jenseits von Afrika* festgehalten hat.

363 DÄNISCHES JÜDISCHES MUSEUM

Proviantpassagen 6
Kopenhagen K ①
+45 3311 2218
www.jewmus.dk

Im Oktober 1943, während der Besetzung Dänemarks durch die Nazis, organisierte die dänische Widerstandsbewegung zusammen mit gewöhnlichen dänischen Bürgern eine Massenrettung von über 7000 dänischen Juden, bevor diese von den Besatzern festgenommen werden konnten. Das Dänische Jüdische Museum stellt dieses Ereignis im Detail nach und erzählt viele weitere Geschichten aus dem Leben von Juden in Dänemark. Das Gebäude wurde vom renommierten Architekten Daniel Libeskind entworfen.

364 ALTE CARLSBERG BRAUEREI

Gamle Carlsberg Vej 11
Kopenhagen V ③
+45 3327 1282
www.visitcarlsberg.dk

Auf dem Gelände der ersten Carlsberg Brauerei, die von J. C. Carlsberg im Jahr 1847 gegründet wurde, findet heute das *Visit-Carlsberg*-Projekt statt. Hier können Bierliebhaber aus erster Hand erfahren, wie im 19. Jahrhundert Bier gebraut wurde, die Sammlung von 20 000 Bierflaschen bewundern und die Brauereipferde kennenlernen.

365 MARITIMES MUSEUM VON DÄNEMARK

Ny Kronborgvej 1
Helsingør ⑧
+45 4921 0685
www.mfs.dk

Von den Wikingern bis zur Reederei Maersk: Die Geschichte Dänemarks ist geprägt von einem Volk, das sein Leben auf See verbracht hat. Das mit Preisen ausgezeichnete Maritime Museum wurde 2014 eröffnet. Der Besuch ist die Reise in den Norden Kopenhagens wert, nicht zuletzt, weil man sie mit dem nahe gelegenen Schloss Kronborg verbinden kann.

Die 5 besten Orte für
LIVEMUSIK

366 **VEGA**
Enghavevej 40
Kopenhagen V ③
+45 3325 7011
www.vega.dk

Das VEGA verfügt über vier Bühnen mit Kapazitäten von 250 Personen in der kuscheligen »Ideal Bar« bis hin zu 1500 Personen in der »Stor VEGA«-Halle. Unter den größten Stars, die hier aufgetreten sind, findet man David Bowie, Prince, Moby, Norah Jones und die Foo Fighters.

367 **PUMPEHUSET**
Studiestræde 52
Kopenhagen K ①
+45 3393 1960
www.pumpehuset.dk

Das Pumpehuset (Pumpenhaus) ist ein ehemaliges historisches Wasserreservoir aus dem 19. Jahrhundert. Heute umfasst es zwei getrennte Hallen für Livekonzerte. Die Location ist bekannt für seine lautere, härtere Musik und eher ungewöhnliche Shows.

368 **DR KONCERTHUSET**
Ørestads Boulevard 13
Kopenhagen S ⑦
www.dr.dk/Koncerthuset

Das DR Koncerthuset wurde vom Architekten Jean Nouvel, dem Gewinner des Pritzker-Preises, entworfen und 2009 fertiggestellt. Es ist das offizielle Konzerthaus des dänischen Sinfonieorchesters. Hier werden Konzerte der unterschiedlichsten Musikrichtungen aufgeführt.

369 **LOPPEN**
Sydområdet 4B
Christianshavn ②
+45 3257 8422
www.loppen.dk

Das Loppen (Floh) ist die raueste Konzerthalle in der Freistadt Christiania. Lokale, regionale und internationale Konzerte stehen auf dem Spielplan, trotzdem bleibt das Loppen ein gemütlicher, rustikaler Begegnungsort ohne Schnickschnack, der sich auf Alternativ-Rock, Punk und andere mitreißende Shows konzentriert.

370 **HUSET KBH KULTURZENTRUM**
Rådhusstræde 13
Kopenhagen K ①
+45 2151 2151
www.huset-kbh.dk

Huset KBH ist einfach cool – ein vielseitiger, einladender Veranstaltungsort, der nur dafür existiert, Kunst, Literatur, Kino und Musik auf die Bühne zu bringen – mehr als 1500-mal pro Jahr. Hier ist es immer aufregend, und die Livemusik bietet etwas für jeden Geschmack: lokale und regionale Künstler, Revival-Bands, Jazz, Rock, Techno ... und alles zwischendrin.

368 DR KONCERTHUSET

Die 5 besten Galerien für
ZEITGENÖSSISCHE KUNST

371 **GALLERIE POULSEN**
Staldgade 32
Den Brune Kødby
Kopenhagen V ③
www.gallerypoulsen.com

Die Gallerie Poulsen liegt im In-Viertel Kødbyen und stellt vornehmlich Arbeiten internationaler Künstler aus, die visuelle Geschichten auf Papier oder Leinwand erzählen.

372 **GALLERI OXHOLM**
Pile Allé 25
Frederiksberg ⑥
+45 2341 2333
www.gallerioxholm.dk

Diese Galerie mit zeitgenössischer Kunst liegt im Herzen des Viertels Nørrebro, an der lebendigen Ravnsborggade. Oxholm weist zwei verschiedene Ausstellungsräume auf: den »Raum« und die »Halle«. Beide präsentieren Arbeiten von etablierten und aufstrebenden Künstlern. Die Galerie ist von Dienstag bis Sonntag immer nachmittags geöffnet.

373 **SECHER FINE ART & DESIGN**
Bredgade 25
Kopenhagen K ①
+45 2427 7038
www.secherfineart.com

Das Interieur der als Wohnzimmer inszenierten Secher-Galerie setzt sich aus Möbeln von Hans Wegner, Lampen von Poul Henningsen und einem breiten Angebot an modernen Gemälden zusammen. Die Galerie ist von Dienstag bis Samstag jeden Nachmittag geöffnet.

374 **DEN FRIE CENTRE FÜR ZEITGENÖSSISCHE KUNST**

Oslo Plads 1
Kopenhagen Ø ⑤
+45 3312 2803
www.denfrie.dk

Inspiriert wurde das Den Frie Centre von den berühmten Pariser Kunstsalons des 19. Jahrhunderts. Es widmet sich bereits seit 1891 der kreativen Arbeit von »zeitgenössischen künstlerischen Gemeindschaften, Kunstvereinen, experimentellen Gruppen und Netzwerken«. Das Gebäude ist einzigartig – halten Sie nach einem griechischen Tempel Ausschau.

375 **NIKOLAJ KUNSTHAL**

Nikolaj Plads 10
Kopenhagen K ①
+45 3318 1780
www.nikolajkunsthal.dk

In einer der ältesten Kirchen der Stadt untergebracht, stellt diese Kunsthalle aktuelle Künstler aus. Die kühnen Aussagen auf der Beschilderung tragen zu ihrer Bekanntheit bei: »Dies ist keine Kirche« und »Es werde Kunst«. Hier treffen das physische Bauwerk der Kirche auf das Schönste mit der zeitgemäßen Rolle einer Kunsteinrichtung zusammen.

371 GALLERIE POULSEN

5 *einzigartige*

SKULPTUREN IM FREIEN

376 **ARTEMIS-BRUNNEN**
Hans Tavsens Park
Hans Tavsens Gade
Kopenhagen N ④

In der Mitte des hübschen Hans Tavsens Parks befindet sich der bemerkenswerte Artemis-Brunnen, der 1934 fertiggestellt wurde. Entworfen hat ihn der dänische Bildhauer Johannes Bjerg (1886–1955). Inmitten des Brunnens ragt Artemis, die griechische Göttin der Jagd, hervor.

377 **GEFION-BRUNNEN**
Churchillparken
Kopenhagen K ①

Der beeindruckende Gefion-Brunnen ist heute das größte öffentliche Kunstdenkmal in Kopenhagen. Seine Geschichte basiert auf einem Gedicht aus dem 9. Jahrhundert, in dem die germanische Göttin Gefion ein starkes Gespann aus wilden Tieren antreibt, um das heutige Seeland zu erschaffen, die dänische Insel, auf der sich Kopenhagen befindet.

378 **KAMP MED EN SLANGE**
Kongens Have
Øster Voldgade 4
Kopenhagen K ①

Kamp med en slange ist eine der dramatischsten und ungewöhnlichsten Skulpturen in Kopenhagen. Ursprünglich das Werk des Engländers Sir Thomas Brock (1847–1922), stellt sie einen Indianer auf dem Pferderücken im Kampf mit einer großen Schlange dar.

380 **ELEFANTENTOR UND -TURM**

379 **STATUE DES BISCHOFS ABSALON**

Højbro Plads
Kopenhagen K ①

Die berühmte Reiterstatue erinnert an den Mann, der in der Geschichte als Gründer von Kopenhagen gilt. Absalon (1128–1201) war Berater von König Valdemar I. von Dänemark und half diesem, das dänische Territorium zu vergößern und das Christentum auszubreiten. Ungefähr im Jahr 1167 ließ Absalon eine Burg errichten, deren Reste sich heute unter Schloss Christiansborg befinden.

380 **ELEFANTENTOR UND -TURM**

Ny Carlsberg Vej 140
Kopenhagen V ③

Das Elefantentor an der Carlsberg Brauerei wurde im Jahr 1901 vom Biermagnaten Carl Jacobsen in Auftrag gegeben und vom Architekten Vilhelm Dahlerup erbaut. Es stellt vier lebensgroße Elefanten dar, die den Turm über ihnen tragen. Sie sind jeweils mit den Initialen von Jacobsens vier Kindern (Thedora, Vagn, Helge und Paula) verziert.

Die 5 besten Orte, um einen
FILM ANZUSEHEN

381 **GRAND TEATRET**
Mikkel Bryggers Gade 8
Kopenhagen K ①
+45 3315 1611
www.grandteatret.dk

Das unabhängige Kino mit seinen reich verzierten Innenräumen, der noblen Weinbar und dem schicken Café – gepaart mit einem Programm, das sich auf Kunst- und Weltfilme konzentriert – bietet dem Gast eine willkommene Flucht vor den Touristenmassen des Sommers oder den kalten Winden des Winters und verspricht Kinofreuden mit Stil.

382 **GLORIA BIOGRAF & CAFÉ**
Rådhuspladsen 59
Kopenhagen K ①
+45 3312 4292
www.gloria.dk

Mitten im Herzen der Stadt findet man das winzige Kino Gloria. Auf nur einer Leinwand zeigt das reizende und einzigartige Gloria unabhängige Filme aus der ganzen Welt – eine garantiert wunderbare Umgebung für einen guten Film.

383 **VESTER VOV VOV**
Absalonsgade 5
Kopenhagen V ③
+45 3324 4200
www.vestervovvov.dk

Vester Vov Vov eröffnete 1975 und ist ein unabhängiges Kino, das von Filmliebhabern für Filmliebhaber gegründet wurde. Bis heute ist dieses Kunstkino und Café seinen Wurzeln treu geblieben und präsentiert ungewöhnliche Arthouse-Filme und Kinostreifen, die in den größeren Kinos schon lange nicht mehr laufen.

384 EMPIRE BIO

Guldbergsgade 29
Kopenhagen N ④
+45 3536 0036
www.empirebio.dk

Dieses unscheinbare Nachbarschaftskino ist nur selten überlaufen und wurde vor Kurzem renoviert. Das besondere Extra für Filmgäste des Empire Bio sind die großen, gemütlichen Kinosessel und die große Beinfreiheit.

385 DFI FILMHOUSE

Danish Film Institute
Gothersgade 55
Kopenhagen K ①
+45 3374 3412
www.dfi.dk

Das dänische Filminstitut (DFI) zeigt eine riesige Auswahl an Filmen, Szenenfotos und Filmplakaten und verfügt außerdem über einen Buchladen. In den drei Kinosälen werden mehr als 60 Filme im Monat aufgeführt, viele auf Englisch oder mit englischen Untertiteln.

385 DFI

 TURM-SPIELPLATZ

20 DINGE, DIE MAN MIT KINDERN UNTERNEHMEN KANN

Die 5 wunderbarsten

SPIELPLÄTZE IN DER STADT

386 **BERMUDA-DREIECK IM NØRREBRO PARK**
Stefansgade 28-30
Kopenhagen N ④
+45 3585 2271

Vom dänischen Meister der Spielplätze Monstrum entworfen, ist das »Bermuda-Dreieck« der perfekte Ort, um sowohl den Beinen als auch der Fantasie der Kinder freien Lauf zu lassen. Auf dem Spielplatz stehen ein havariertes Flugzeug, ein Piratenschiff, ein Ruderboot und ein Wal. Alles ganz sicher, wenn man die Kletterei beaufsichtigt.

387 **SPIELPLATZ IN BRUMLEBYEN**
Brumlebyen, von der Østerbrogade 55 A betreten
Kopenhagen Ø ⑤

Brumlebyen ist eines der interessantesten gut erhaltenen historischen Viertel Kopenhagens. Versteckt inmitten dieser charmanten Gemeinde, die von gelben Mauern umgeben ist, findet man das magisch geschrumpfte, schiefe »Klein-Brumlebyen« als Spielplatz, der die Architektur der Umgebung spielerisch imitiert. Es gibt Rutschen, Brücken aus Tauen, Kletterwände und Spielhäuser, nur keine Toiletten.

388 **SKYDEBANEN-SPIELPLATZ**
Absalonsgade 12
Kopenhagen V ③
+45 3323 1859

Hinter den Mauern der belebten Straßen Vesterbrogade und Istedgade liegt der beliebte, etwas versteckte Skydebanen-Park. Neben Sandkästen, Rutschen, Schaukeln und Tunneln ist ein bunter, riesiger Papagei aus Holz, der über den Spielplatz wacht, der Mittelpunkt.

389 **SPIELPLATZ AM HAUSER PLADS**
Hauser Plads 16
Kopenhagen K ①

Dieser witzige, zentral gelegene Spielplatz weist Schaukeln, einen Sandkasten und allerhand Geräte auf, auf die man hinaufklettern und wieder herunterspringen kann. Auch wenn sich dieser Spielplatz im Herzen des Zentrums befindet, kann man die Kinder ruhig frei laufen lassen und sich selbst ein wenig vom Shoppen oder Sightseeing-Tour erholen, denn der gesamte Platz auf seine Sicherheit geprüft.

390 **SPIELPLATZ AM NIKOLAJ PLADS**
Nikolaj Plads 5–11
Kopenhagen K ①

Der bunte Spielplatz am Nikolaj Plads hat den Wald als Thema und ist Teil des Stadtprojekts »Kunstvolle Spielplätze«. Er liegt hinter dem Strøget, Kopenhagens lebendigster Einkaufsstraße, und bietet Kindern einen kleinen Spielurlaub auf der Tour durch die Stadt. Tipp: Suchen Sie nach der berühmten Eule aus Holz.

Die 5 besten

EISDIELEN

391 **SICILIANSK IS**
Skydebanegade 3
Kopenhagen V ③
+45 3022 3089
www.sicilianskis.dk

Ökologische Zutaten, kreative, saisonal wechselnde Geschmackssorten und die freundliche Stimmung sorgen dafür, dass diese sizilianische Eisdiele der Star bei den Bewohnern von Vesterbro ist. Wie die meisten Eisdielen in Kopenhagen ist auch Siciliansk Is nur von April bis September geöffnet.

392 **ISTID**
Jægersborggade 13
Kopenhagen N ④
+45 6131 1834
www.istid.dk

Istid ist die einzige Eisdiele in Kopenhagen, in der die Zutaten zu 100 Prozent biologisch sind und das Eis mit flüssigem Stickstoff gefroren wird – das macht sie sozusagen halb zum Labor, halb zum Kunstraum. Sie wurde von zwei einheimischen Frauen eröffnet, die etwas Neues für Kopenhagener kreieren wollten, die verrückt nach Eis sind.

393 **OLUFS IS**
Olufsvej 6
Kopenhagen Ø ⑤
+45 5151 6868
www.olufs.dk

OLUFs IS war die erste Eisdiele der Stadt, die handgemachtes Eis am Stiel herstellte. Hier »Eissticks« genannt, gibt es sie in über 30 Geschmacksrichtungen, die oft wechseln – neue, köstliche Überraschungen sind also garantiert.

394 **VAFFELBAGEREN UND RAJISSIMO**

Nyhavn 49
+45 3314 0698
www.vaffelbageren.dk
Nyhavn 19
+45 5052 7629
www.rajissimo.dk
Kopenhagen K ①

Es gibt wahrscheinlich keine typischere Kopenhagen-Erfahrung, als die kopfsteingepflasterten Straßen von Nyhavn mit einer gigantischen Waffel voller Eiscreme in der Hand entlangzuschlendern. Zum Glück gibt es in Nyhavn zwei hervorragende Eisdielen, die frisch zubereitete Waffeln mit Eiscreme in klassischen Geschmacksrichtungen verkaufen.

395 **ØSTERBERG EIS**

Rosenvængets Allé 7C
Kopenhagen Ø ⑤
+45 6142 3289
www.osterberg-ice.dk

Catherine Østerbergs Eisdiele ist der aufsteigende Stern am Kopenhagener Himmel der handgemachten Eiscremes. Ihre Mission ist es, den Kunden die »Geschmäcker der Welt« nahezubringen. Alle Eissorten und Sorbets werden aus natürlichen Zutaten hergestellt und verblüffen mit Geschmäckern wie Aloe Vera mit Granatapfel und roter Drachenfrucht.

393 **OLUFS IS**

Die 5 coolsten

LÄDEN FÜR KIDS

396 **LEGO-FLAGSHIPSTORE**
Vimmelskaftet 37
Kopenhagen K ①
+45 5215 9158
www.lego.com

Mit Sitz im dänischen Billund, ist LEGO einer der bekanntesten Markennamen weltweit, insbesondere bei Kindern. Der bunte LEGO-Flagshipstore bietet einen interaktiven Spielplatz und ist natürlich ein wahres LEGO-Paradies.

397 **GYNGEHESTEN**
Margrethevej 1
Hellerup ⑧
+45 3961 0509
www.gyngehesten.dk

Gyngehesten (Schaukelpferd) ist wohl das entzückendste Geschäft in ganz Kopenhagen. Jeder Quadratzentimeter des Ladens ist gefüllt mit einer Auswahl an charmanten Spielfiguren, Spielen, Plüschtieren und Büchern. Viele Waren werden in Skandinavien produziert.

398 **MILIBE COPENHAGEN**
Gammel Kongevej 92
Frederiksberg ⑥
+45 3325 1144
www.milibecopenhagen.dk

Dieser Modeladen wurde 2002 von den Designern Maria Raben und Mille Milt gegründet. Klassiker stehen im Mittelpunkt des Sortiments: moderne Prints, einfache Streifenmotive und weiche, widerstandsfähige Stoffe.

399 **PUREBABY**

Willemoesgade 4
Kopenhagen Ø ⑤
+45 3555 1162
www.purebaby.dk

Selbstverständlich sind Babys und Kleinkinder süß. Wenn man sie aber auch noch in skandinavische Mode aus biologischen Stoffen steckt, dann sehen sie zum Anknabbern aus. Bei der Kinderbekleidung, dem Spielzeug und der Ausrüstung von Purebaby dreht sich alles um Nachhaltigkeit, Qualität, Einfachheit … und natürlich um schicke Babys.

400 **BARNLIL' COPENHAGEN**

Smallegade 34
Frederiksberg ⑥
+45 3311 9016
www.barnlil.dk

Auch Barnlil' Copenhagen in Frederiksberg ist ein toller Laden für Kinder. Mit seinen ungewöhnlichen, coolen Kinderklamotten, Schuhen, dem Spielzeug und sogar Einrichtungsgegenständen könnte man Barnlil' als Lifestylegeschäft für Kopenhagens zukünftige Hipster und Kreative bezeichnen.

Die 5 besten Plätze für INTERAKTIVES LERNEN

401 **VERKEHRSSPIELPLATZ**
Gunner Nu Hansens Plads 10
Kopenhagen Ø ⑤
+45 3542 3708
www.kk.dk/trafiklegepladsen

Als eine der fahrradfreundlichsten Städte der Welt nimmt Kopenhagen die Verkehrssicherheit der Radler sehr ernst. Dieser Spielplatz ermöglicht es Kindern, die Verkehrsregeln zu erlernen, und gibt ihnen die Möglichkeit, in einer realen, aber autofreien Zone zu üben.

402 **TURM-SPIELPLATZ**
Frederik V's Vej 4
Kopenhagen Ø ⑤
+45 3366 3472

Kopenhagen ist eine tolle Stadt für spielerisches Lernen, und der Turm-Spielplatz wohl der allerbeste Ort dafür. Die Kinder können spielen, rutschen, klettern und toben – alles im Schatten der fünf berühmtesten Türme der Stadt, die hier in Miniatur nachgebildet wurden.

403 **KLATRESKOVEN**
Pasteursvej 8-10
Kopenhagen V ③
+45 2894 4648
www.klatreskoven.dk

Dieser urbane Kletterwald ist ein fantastischer Ort für Kinder (und ihre Eltern), um mit ein wenig Mut Gleichgewicht und Beweglichkeit zu schulen. Hier gibt es Abenteuertouren in allen Schwierigkeitsstufen: einen Pfad in Bodennähe für die Kleinen und Touren in größerer Höhe für ältere Kinder.

404 **ZOO**

Roskildevej 32
Frederiksberg ⑥
+45 7220 0200
www.zoo.dk

Der Kopenhagener Zoo verzaubert Kinder jeden Alters mit seinem tropischen Schmetterlingshaus, seinem Streichelzoo, der »Welt der Primaten«, dem Zoo-Turm, der die die ganze Stadt überblickt, und dem weltberühmten Elefantenhaus, das vom Architekten Norman Foster entworfen wurde.

405 **FESTUNG DER WACHEN**

Garderhøjfort 4
Gentofte ⑧
+45 3965 6179
www.garderhojfort.dk

Das bei Kopenhagenern beliebte Experimentarium zeichnet sich für diese interaktive Ausstellung verantwortlich. Das Garderhøjfortet (die Festung der Wachen) gibt Familien die Möglichkeit, in die Vergangenheit zurückzureisen und den Alltag des dänischen Militärs im 19. Jahrhundert zu erleben. Kinder eine Reise auf der 360-Grad-Kanone unternehmen, sich daran versuchen, Botschaften zu entschlüsseln, und in einer überdachten Turnhalle spielen.

TATTOO PARLOUR
CINEMA Lounge
SELF-SERVICE KITCHEN
LOCKERS

15 ORTE ZUM ÜBERNACHTEN

Die 5 besten

BOUTIQUEHOTELS

406 **HOTEL SP34**
Sankt Peders Stræde 34
Kopenhagen K ①
+45 3313 3000
www.brochner-hotels.dk/our-hotels/sp34

Das im Jahr 2014 eröffnete, kleine Luxushotel kommt in erlesenem Stil daher: moderne Einrichtung, dänische Designermöbel und ein rundum minimalistisches, skandinavisches Ambiente. Die Zimmer sind zwar klein, aber die öffentlichen Räumlichkeiten sind großzügig, schick und gemütlich.

407 **HOTEL SKT. PETRI**
Krystalgade 22
Kopenhagen K ①
+45 3345 9100
www.sktpetri.com

Dieses coole, modernistische Hotel ist nach der nahe gelegenen Sankt-Petri-Kirche benannt und liegt mitten im Latinerkvarteret, sozusagen dem Quartier Latin Kopenhagens. Hier kann man alle Vorzüge eines Boutiquehotels erwarten, zudem eine exzellente Bar, ein Restaurant und einen bepflanzten Innenhof.

408 **IBSENS HOTEL**
Vendersgade 23
Kopenhagen K ①
+45 3345 7744
www.arthurhotels.dk/dk/ibsens-hotel

Das Ibsens ist das ideale Hotel für alle Reisenden, die die Viertel Nørrebro, Vesterbro und Frederiksberg sowie das Zentrum erkunden wollen. Auch die Kopenhagener Seen und die Torvehallerne sind nicht weit entfernt.

409 CENTRAL HOTEL

Tullinsgade 1
Kopenhagen V ③
+45 3321 0095
www.centralhotelogcafe.dk

Ein kleineres Hotel als das reizende Central Hotel im angesagten Viertel Vesterbro gibt es nicht. Dieses unverwechselbare Hotel mit nur einem Zimmer ist der Traum jedes Instagramers. Wer hier übernachten möchte, muss das Zimmer lange vorab buchen.

410 HOTEL ALEXANDRA

H. C. Andersens
Boulevard 8
Kopenhagen K ①
+45 3374 4444
www.hotelalexandra.dk

Das selbst ernannte »Lifestyle-Hotel« Alexandra wurde 2013 komplett renoviert und ist stolz auf seine klare, edle Retro-Ästhetik. Die Zimmer und die Gemeinschaftsräume sind mit dänischen Designerstühlen sowie Kunst und Stoffen aus den 1950er- bis 1970er-Jahren ausgestattet. Das Hotel lebt klassischen Vintage-Stil in seiner schönsten Form.

406 HOTEL SP34

Die 5

ANGESAGTESTEN HOSTELS

411 **URBAN HOUSE**
Colbjørnsensgade 5-11
Kopenhagen V ③
+45 3323 2929
www.urbanhouse.me

Urban House bietet seinen Gästen eine Vielfalt an Dienstleistungen: Fahrradverleih, Tätowierungsstudio, ein Kino im Haus, eine Livemusik-Bühne und eine immer gut besuchte Bar. Die Zimmer sind einfach und sauber. Hier dreht sich alles um das Zusammentreffen mit den anderen Gästen.

412 **SLEEP IN HEAVEN**
Struenseegade 7
Kopenhagen N ④
+45 3535 4648
www.sleepinheaven.com

Das pulsierende Backpacker-Hostel befindet sich im Shabby-Chic-Viertel Nørrebro. Der Service und die Annehmlichkeiten unterscheiden sich nicht vom Standard anderer europäischer Hostels. Hier zählen das lebendige Atmosphäre und die authentische Nachbarschaft.

413 **GENERATOR HOSTEL**
Adelgade 5
Kopenhagen K ①
+45 7877 5400
www.generatorhostels.com/copenhagen

Das Generator Hostel könnte man als flippig beschreiben. Es wirkt eher wie ein Konzepthotel als eine typische Backpackerabsteige. Die Adelgade ist ein idealer Ausgangspunkt: Das Zentrum, der Kongens Have, der Nyhavn sowie einige der besten Bistros und Shopping-Viertel sind nur einen Katzensprung entfernt.

414 **COPENHAGEN DOWNTOWN HOSTEL**
Vandkunsten 5
Kopenhagen K ①
+45 7023 2110
www.copenhagen downtown.com

Derzeit wird das CDH auf *HostelWorld.com* als Kopenhagens bestes Hostel gehandelt. Das mag auch an der Topadresse – mitten im Zentrum der Stadt – liegen. Das CDH bietet jede Menge Extras: jeden Tag ein kostenloses Festessen am Abend, kostenlose Stadtführungen, Happy Hours, ein günstiges All-you-can-eat-Frühstück und Livemusik-Veranstaltungen.

415 **WOODAH HOSTEL**
Abel Cathrines Gade 1
Kopenhagen V ③
+45 2390 5563
www.woodah-hostel.com

Anders als die eher lauten und umtriebigen Hostels schafft dieses kleine »Yoga-Hostel« für seine Gäste bewusst Ruhezonen. Die hochentspannte Atmosphäre des Woodah passt genau in das künstlerisch angehauchte Vesterbro-Viertel.

411 **URBAN HOUSE**

Die 5 besten

LUXUSHOTELS

416 RADISSON BLU ROYAL
Hammerichsgade 1
Kopenhagen K ①
+45 3342 6000
www.radissonblu.com/en/royalhotel-copenhagen

In den späten 1950er-Jahren von Arne Jacobsen entworfen, gilt das Hotel als Ikone der dänischen Moderne. Es wurde komplett renoviert, um den Standard des 21. Jahrhunderts zu erreichen. Das Zimmer 606 wurde genau so erhalten, wie Jacobsen es in den 1960er-Jahren eingerichtet hatte.

417 SKOVSHOVED HOTEL
Strandvejen 267
Charlottenlund ⑧
+45 3964 0028
www.skovshovedhotel.com

Das Skovshoved ist die elegante Version eines altmodischen »Badehotels«. Es liegt zwischen zwei der schönsten Strände der »dänischen Riviera«: dem Charlottenlund- und dem Bellevue-Strand.

418 AVENUE HOTEL
Åboulevard 29
Frederiksberg ⑥
+45 3537 3111
www.avenuehotel.dk

Das schicke Avenue Hotel mit seinen 68 Zimmern wurde im Jahr 2005 von Grund auf renoviert. Es befindet sich genau dort, wo die beiden sehenswerten Viertel Nørrebro und Frederiksberg aufeinandertreffen. Das Gebäude aus dem 19. Jahrhundert und die edle Ausstattung machen das Hotel zu einem der gefragtesten in Kopenhagen.

419 COPENHAGEN ADMIRAL HOTEL

Toldbodgade 24-28
Kopenhagen K ①
+45 3374 1414
www.admiralhotel.dk

Das geschichtsträchtige Copenhagen Admiral liegt direkt am Wasser, gleich um die Ecke des Schlosses Amalienborg, und kann auf eine über 200-jährige Geschichte zurückblicken. Das mehrfach ausgezeichnete Hotel mit über 300 individuell eingerichteten Zimmern strahlt ein traditionsreiches skandinavisches Ambiente aus.

420 HOTEL D'ANGLETERRE

Kongens Nytorv 34
Kopenhagen K ①
+45 3312 0095
www.dangleterre.com

Bereits seit dem Jahr 1755 empfängt dieses Grandhotel königliche Gäste, Würdenträger und Stars. Heute steht das kürzlich renovierte Hotel für das goldene Zeitalter des Reisens und des Luxus. Dank seiner prächtigen Zimmer und Suiten, dem herausragenden Service und seiner Toplage am berühmtesten Platz der Stadt gibt es in Kopenhagen keine luxuriösere Unterkunft.

 CHRISTIANSHAVN CANAL

40 AKTIVITÄTEN FÜRS WOCHENENDE

Die 5 schönsten

WALDSPAZIERGÄNGE

421 **JÆGERSBORG DYREHAVE**
Dyrehaven
Klampenborg ⑧
+45 3997 3900

Diese wilde Waldlandschaft war einst das Jagdgebiet des dänischen Adels. Heute ist Dyrehave der größte öffentliche Park – er umfasst elf Quadratkilometer –, und wie der Name schon sagt, ist er voller Wildtiere: Füchse, Hunderte frei lebender Hirsche und viele Reiter.

422 **SCHLOSSPARK CHARLOTTENLUND**
Charlottenlund ⑧

Der Waldpark umgibt das wunderbare Schloss Charlottenlund und zieht sich entlang der Küstenstraße – ein verstecktes Kleinod im Norden Kopenhagens. Im Osten liegt das Meer, im Westen das charmante Dorf Charlottenlund. Im Wald mit seinen verschlungenen Wegen und gigantischen Bäumen wartet darauf, entdeckt zu werden.

423 **WALD DES SCHLOSSES BERNSTORFF**
Jægersborg Allé 93
Gentofte ⑧
+45 3963 1080
www.bernstorffslot.dk

Der Wald um Schloss Bernstorff bietet viele Vergnügen: einen Teesalon (der allerdings nur im Sommer geöffnet ist), Trainingsanlagen für Pferde und Reiter, einen Ententeich, einen Rosengarten und eine Obstplantage.

424 SCHLOSSPARK SORGENFRI

Kongevejen 2
Lyngby ⑧
+45 3395 4200

Versteckt hinter dem Dorf Lyngby, ersteckt sich der idyllische Waldpark des Schlosses Sorgenfri (übersetzt: sorgenfrei), ein weitläufiger, hügeliger öffentlicher Park, hinter dem Schloss aus dem 18. Jahrhundert. Ein Spaziergang entlang der plätschernden Bäche setzt einen wohltuenden Kontrast zur lebendigen Shopping-Atmosphäre des nahen Lyngby.

425 KALVEBOD FÆLLED

Granatvej 1-15
Kastrup ⑦
+45 7254 3000

Diese Wildnis lag bis 1938 unter Wasser, dann wurde das Land trockengelegt und für militärische Zwecke genutzt. Im Jahr 2010 erklärte man es zum Naturreservat und machte es öffentlich zugänglich. Heute bietet es atemberaubende Aussichten, ein einzigartiges Habitat für Wildtiere, Fahrradwege und die Kunstinstallation *Amager Ark* von Alfio Bonanno.

423 WALD DES SCHLOSSES BERNSTORFF

Die 5 interessantesten **VORORTE,** *die man erkunden sollte*

426 **HILLERØD**

Mit dem Zug gelangt man schnell in die nördlich von Kopenhagen gelegene, reizende, mittelalterliche Stadt Hillerød. Hier steht das Schloss Frederiksborg, der größte Renaissancepalast in Skandinavien. Auf einer Insel errichtet, ist es umgeben von einer Sumpflandschaft und Dänemarks berühmtestem Barockgarten.

427 **LYNGBY**

Auch Lyngby liegt nur eine kurze Zugfahrt von Kopenhagen entfernt und bietet viel: Einkaufsmöglichkeiten, Designerausstellungen an der Hauptstraße, zahlreiche Restaurants und das wunderschöne Schloss Sorgenfri mit Waldpark. Außerdem sollte man unbedingt das Frilandsmuseet (Freiluftmuseum) besuchen.

428 **FREDERIKSBERG**

Frederiksberg ist eine belebte Stadt mit vielen Studenten und jungen Familien. Das Herzstück aber ist sicherlich der schöne Palast samt Palastgärten und der Zoo gleich nebenan. Auch für die coole Einkaufsstraße Værnedamsvej sollte man etwas Zeit mitbringen.

429 HELLERUP

Das als »Beverly Hills« von Kopenhagen bekannte Hellerup strahlt spürbar internationales Flair aus. Hier sind mehrere Botschaften, Konsulate und internationale Schulen beheimatet. Hellerup ist auch der Zugang zur Nordküste Seelands. Sehen Sie sich unbedingt den hübschen Segelhafen, die modernistische Architektur des Tuborg-Hafens und den kleinen Oregård-Park an.

430 NORDHAVN

Dieser kleine Bezirk unterliegt gerade massiven Maßnahmen zur Aufwertung und Neubelebung. In den nächsten Jahrzehnten sollen hier einige der aufregendsten Beispiele moderner Architektur, Attraktionen und Dienstleistungen entstehen. Bereits heute verfügt Nordhavn über einen interessanten Mix aus industriellem und urbanem Design, sodass man hier eine Ahnung vom künftigen Kopenhagen erhält.

430 NORDHAVN

Die 5 besten Ideen für

UNTERNEHMUNGEN AUF DEM WASSER

431 **GOBOAT**
Islands Brygge 10
Christianshavn ②
+45 4026 1025
www.goboat.dk

Die in Dänemark entworfenen Goboats sind solarbetrieben. Man benötigt keine Vorkenntnisse, um sie zu steuern. Sie machen keinen Krach und sind teilweise aus recycelten Materialien gebaut. Die kleinen Boote sind für acht Leute ausgelegt, und man kann auf ihnen auf eigene Faust die Wasserwege der Hauptstadt erkunden.

432 **COPENHAGEN CANAL TOUR VON NETTO BOATS**
Abfahrt von Holmens Church oder Nyhavn
Kopenhagen K ①
www.havnerundfart.dk

Auf der einstündigen Bootstour durch die Kanäle und Häfen von Kopenhagen kann man die Stadt aus einer einmaligen Perspektive kennenlernen. Die Firma Netto Baadene (Netto Boot) veranstaltet die exakt gleiche Tour auf identischen Booten wie die Konkurrenz, nur zu einem deutlich günstigeren Preis.

433 KAYAK REPUBLIC

Børskaj 12
Kopenhagen K ①
+45 2288 4989
www.kayakrepublic.dk

Wer an einer Kajaktour in Kopenhagen interessiert ist, sollte am besten schon vor der Reise mit Kayak Republik Kontakt aufnehmen, um zu prüfen, ob er die Fähigkeiten und Erfahrung besitzt, die Wasserwege alleine mit dem Kajak zu erkunden. Tipp: Kehren Sie unbedingt in der Kayak Bar ein – sie ist bei gutem Wetter einer der tollsten Orte der Stadt, um neue Leute kennenzulernen.

434 KAJAKPOLO VON BRYGGENS KAYAKPOLO

Islands Brygge 18
Christianshavn ②
+45 2533 1666
www.bryggens-kajakpolo.dk

Kajakpolo ist genau das, wonach es sich anhört: Teams in Kajaks versuchen, gleichzeitig zu werfen, zu rudern und zu fangen – es ist eine Mischung aus Handball und Bootsschlacht. Dieser zunehmend beliebte Sport macht nicht nur Spaß, er ist ebenso lustig anzusehen.

435 SCHWANENBOOTE VON KAFFESALONEN

Peblinge Dossering 6
Kopenhagen N ④
+45 3535 1219
www.kaffesalonen.com

Kaffesalonen ist ein gemütliches Café am Seeufer in Nørrebro. Wenn man vom Stadtzentrum aus kommt, überquert man nur die Dronning-Louise-Brücke. Neben den herzhaften Gerichten auf der Sonnenterrasse oder an den Sitzplätzen am Dock bietet Kaffesalonen seinen Gästen auch einen Bootsverleih an. Zur Wahl stehen tradtionelle Tretboote, Ruderboote oder – für einen ganz besonderen Tag auf dem Wasser – auch gigantische Schwäne, die, von Tretpedalen angetrieben, über den See gleiten.

Die 5 besten Orte für

FITNESS

436 **KILDESKOVSHALLEN**
Adolphsvej 25
Gentofte ⑧
+45 3977 4400
www.kildeskovshallen.gentofte.dk

Dieses weitläufige, moderne Gemeinschaftszentrum liegt versteckt in der bewaldeten Region nördlich von Kopenhagen, ganz in der Nähe der Bahnstation Bernstorffsvej. Es umfasst Handballplätze, ein exzellentes Café, wunderschöne Gärten, einen 25- und einen 50-Meter-Pool, Saunen und ein Schwimmbecken für Babys. Kildeskovshallen ist der perfekte Ort für einen Regentag.

437 **SCHWIMMHALLEN FREDERIKSBERG**
Helgesvej 29
Frederiksberg ⑥
+45 3814 0400
www.svoemmehal.frederiksberg.dk

Wie in Kildeskovshallen liegt auch in den Schwimmhallen Frederiksberg der Schwerpunkt auf den ausgezeichneten Pools und der Rutsche. Zusätzlich verwöhnt diese historische Anlage ihre Gäste auch noch mit einem hervorragenden, nicht allzu teuren Spa mit Whirlpools, einem Salzwasserbad, Saunen, Massagestühlen und Kaltwasserbecken. Tipp: Buchen Sie das Spa im Voraus, dann kommen Sie sicher rein.

438 **CROSSFIT COPENHAGEN KIRKEN**

Griffenfeldsgade 7A
Kopenhagen N ④
www.crossfitcopenhagen.dk

Kopenhagen war schon immer eine sportliche Stadt. Hier wimmelt es nur so von Joggern, Schwimmern und natürlich Fahrradfahrern. Nun wird die Stadt zusätzlich vom CrossFit-Fieber erfasst. Wer in Kopenhagen bei CrossFit trainieren will, kann sich ein günstiges Tagesticket oder einen Wochenpass kaufen und damit alle Filialen in der Stadt nutzen.

439 **GAME STREETMEKKA**

Enghavevej 82D
Valby ⑥
+45 3323 6665

Das Streetmekka ist die beste Indoor-Anlage Kopenhagens für Basketball. Die Idee basiert ursprünglich auf einer sozialen Initiative für Jugendliche, die so positive Beziehungen innerhalb der Gemeinde aufbauen sollen – deshalb finden hier rund um die Uhr Freundschaftsspiele statt. Zahlen Sie an der Rezeption eine kleine Gebühr, stellen Sie sich den anderen Spielern vor und spielen Sie einfach mit den Einheimischen.

440 **FÆLLEDPARKEN**

Edel Sauntes Allé
Kopenhagen Ø ⑤
+45 3366 3366

Der im Jahr 1914 eröffnete Fælledparken liegt in Østerbro, gleich neben Parken (Dänemarks nationalem Sportstadium). Er ist Kopenhagens größter öffentlicher Park und wirkt sich äußerst positiv auf Gesundheit und Fitness aus, weil er viele Jogging- und Spazierwege, Basketball- und Fußballfelder, Spielplätze und einen Skatepark bietet. Anfänger und Profis werden sich hier gleichermaßen wohlfühlen.

Die 5 besten Locations, um die NACHT DURCHZUTANZEN

441 **BAKKEN KBH**
Flæsketorvet 19
Kopenhagen V ③
www.bakkenkbh.dk

Bakken ist der am besten besuchte Club in Kødbyen, was sowohl am günstigen Bier als auch an den talentierten DJs und der lockeren Atmosphäre liegt. Bakken ist voller Graffitis und ungekünstelt – ein Club, in dem sich die Einheimischen gerne treffen. Auf der Internetseite des Clubs steht, welche Events anstehen.

442 **ZEFSIDE**
Frederiksholms Kanal 4
Kopenhagen K ①
+45 2846 8987
www.zefside.dk

Donnerstags, freitags und samstags werden in dieser Cocktailbar Partys gefeiert. Dank seiner Öffnungszeiten bis 4 Uhr morgens zieht das Zefside Menschen an, die von anderen-Partys kommen. Auch wenn die Tanzfläche hier eine etwas zweideutige Form aufweist, kann keiner den ansteckenden Beats der DJs widerstehen – sie bringen den ganzen Laden zum Kochen. Es gibt viele Happy-Hour-Angebote.

443 RUST

Guldbergsgade 8
Kopenhagen N ④
+45 3524 5200
www.rust.dk

Rust liegt in einer Seitenstraße in Nørrebro, die gleich an ihrem Shabby-Chic-Charme zu erkennen ist. Rust ist sowohl Konzerthalle als auch Tanzclub. Auf drei Stockwerken werden verschiedene Musikrichtungen gespielt. Regelmäßig treten hier auch lokal oder international bekannte DJs auf.

444 CULTURE BOX

Kronprinsessegade 54
Kopenhagen K ①
+45 3332 5050
www.culture-box.com

In diesem Electronica-Club erfahren die Gäste den Puls und die Energie der DJs in vier unterschiedlichen »Boxen«. Die 2005 eröffnete Culture Box lockt jedes Wochenende erstaunliche Mengen an Fans an – das gilt vor allem für lang ersehnte Sonderveranstaltungen.

445 JOLENE BAR

Flæsketorvet 81–85
Kopenhagen V ③
www.facebook.com/JoleneBar

Noch ein toller Club im Viertel Kødbyen: Das Jolene ist abwechslungsreicher und entspannter als manch anderer Nachtclub, der vor Techno nur so wummert. Eingerichtet im Shabby-Chic-Stil, der so typisch für Kopenhagens Szene ist, werden im Jolene Electronica, Rock und manchmal auch ganz andere Musikrichtungen gespielt. Sie werden hier immer viel Spaß haben.

Die 5 charmantesten

SPAZIERGÄNGE AM WASSER ENTLANG

446 **CHRISTIANSHAVNS KANAL**
Christianshavn ②

Von holländischen Städten inspiriert, ließ König Christian IX. im 17. Jahrhundert die Kanäle von Christianshavn bauen. Heute kann man auf einem Spaziergang entlang der Kanäle so einiges über die Seefahrergeschichte von Kopenhagen und die Vorlieben der Einheimischen erfahren.

447 **KOPENHAGENS SEEN**
Bezirke: Østerbro, Nørrebro, Vesterbro
Kopenhagen K ①

Kopenhagens fünf künstlich angelegte Seen ziehen sich wie ein Gürtel um drei zentrale Bezirke der Stadt: das gemütliche Østerbro im Norden sowie das Künstlerviertel Nørrebro und das lebhafte Vesterbro im Süden.

448 **ISLANDS BRYGGE HAFENTOUR**
Süden
Christianshavn ②

Wenn man aus der Stadt heraus über die Langebro fährt und dann nach Süden abbiegt, gelangt man auf Islands Brygge (Island-Kai). Ein Spaziergang in südlicher Richtung zum imposanten Gebäude »Gemini Residence« belohnt den Besucher mit einer hervorragenden Aussicht auf das Stadtzentrum.

449 **STRANDVEJEN**

Vorstadtbezirk
Strandvejen ⑧

An sonnigen Tagen zieht der breite Bürgersteig am Wasser, der sich zwischen dem Strandpark von Charlottenlund und dem Bellevue-Strand befindet, viele Kopenhagener an. Der Blick auf die vielen Segelboote, das historische Fischerdorf Skovshoved und Schweden am Horizont erklären dann auch, warum die Einheimischen diese vier Kilometer so gerne entlangschlendern, dann umkehren und den gleichen Weg zurückgehen.

450 **VON NYHAVN BIS ZUR KLEINEN MEERJUNGFRAU**

Stadtzentrum
Kopenhagen K ①

Wer einen Spaziergang von Nyhavn aus Richtung Norden entlang der Toldbodgade/Amaliengade macht, begibt sich auf eine zwei Kilometer lange Reise, die ihn an den bedeutendsten Wahrzeichen der Stadt vorbeiführt: Amalienborg (das Zuhause der Königin), die Marmorkirche, das Neue Königliche Opernhaus, die St. Albans Kirche und schließlich die Statue der kleinen Meerjungfrau.

Die 5 besten

SOMMERFESTIVALS

451 **COPENHAGEN DISTORTION**
Erste Woche im Juni

Anders als jedes andere Sommerfestival der Stadt ist das electronicalastige Copenhagen Distortion ein riesiges Festival mit Events auf den Straßen der Viertel Nørrebro und Vesterbro zieht. Es endet mit einer gigantischen Party im Kopenhagener Hafen. Distortion charakterisiert sich selbst als Feier der »internationalen Clubkultur«, die sich eine Woche lang »über neu kreierte Tanzmusik und inszeniertes Chaos« ausdrückt.

452 **COPENHAGEN JAZZ FESTIVAL**
Erste Woche im Juli

Schon in den 1950er- und 1960er-Jahren sind in Kopenhagen die besten Jazzmusikern der Welt aufgetreten. Seit 1970 spielen traditonelle und experimentelle Musiker – und alle Musikrichtungen dazwischen – in den Bars, Cafés, Straßen und Parks der Stadt und füllen sie zehn Tage lang mit einer vielseitigen Mischung aus verschiedenen Jazzstilen. Tipp: Viele Konzerte in Cafés und im Freien kosten keinen Eintritt.

453 ZULU SOMMERBIO

Kostenloses Freiluftkino
Anfang August

Alljährlich im August sponsert der dänische Fernsehsender TV 2 Zulu eine Reihe von Filmen, die in den Parks der Stadt gezeigt werden. Alle Zulu-Sommerbio-Filme sind aktuelle Kinofilme – sie werden im Originalton mit dänischen Untertiteln gezeigt. Tipp: Bringen Sie einfach eine Decke und eine Flasche Wein mit und genießen Sie den Film unter freiem Nachthimmel.

454 SHAKESPEARE IM SCHLOSS KRONBORG

Anfang August
www.hamletscenen.dk

Seit 1816, als eine Gruppe dänischer Soldaten die Tradition einführte, Hamlet im Schloss Kronborg aufzuführen, hat Shakespeare im Sommer in Helsingor Saison. Kronborg (das Schloss wird in Shakespeares *Hamlet* »Elsinore« genannt) führt jeden Sommer unterschiedliche Veranstaltungen, etwa Open-Air-Theater, Filmvorführungen und experimentelle Kunstinstallationen, durch, um den größten Dramatiker der englischen Sprache zu würdigen.

455 ROSKILDE FESTIVAL

Ende Juni oder
Anfang Juli
www.roskilde-festival.dk

Was im Jahr 1971 als Open-Air-Musik- und Kunstfestival à la Woodstock begann, hat sich im Laufe des 21. Jahrhunderts zum größten Musikfestival in Nordeuropa entwickelt. Das Roskilde Festival wird 40 Kilometer außerhalb von Kopenhagen veranstaltet und brachte und bringt internationale Künstler aller Genres auf die Bühne – von Bob Marley bis Jay-Z und Pharrell Williams.

5 Gründe, JÆGERSBORG DYREHAVE zu besuchen

Dyrehaven
Klampenborg ⑧
+45 3997 3900

456 **UNESCO WELT-NATURERBE WILDNIS**

Einst die königlichen Jagdgründe des dänischen Adels, ist dieses riesige UNESCO-Weltnaturerbe heute Kopenhagens größte und auch wildeste Grünfläche. Die sanften Hügel, die Seen, Flüsse und die historischen Gebäude von Dyrehave (Hirschpark) beheimaten heute etwa 3000 frei lebende Hirsche und viele andere Tierarten.

457 **PETER LIEPS HUS**

Dieses beschauliche Haus im Hirschpark wurde seit Ende des 17. Jahrhunderts mehrmals zerstört und wieder aufgebaut. Heute gilt das Peter Lieps Hus als das bestes Restaurant, Café und Pub von Dyrehave. Es befindet sich an der zentralen Kreuzung im Park, gleich gegenüber von Bakken – ideal für eine kleine Einkehr auf ein Eis oder ein Bierchen während des Besuchs von Dyrehave.

458 FAHRRADFAHREN IN DER WILDNIS

Der Hirschpark ist das beste Terrain in ganz Kopenhagen für eine Radtour durch die Natur. In vielen anderen Waldgebieten der Stadt ist das Fahrradfahren nicht erlaubt.

459 BAKKEN

Dies ist sicherlich der älteste (seit 1583) und somit der am längsten betriebene (seither ohne Unterbrechung) Vergnügungspark der Welt. Auch wenn sich Bakken mit der Zeit sehr verändert hat, strahlt der Park immer noch einen fühlbar nostalgischen Charme aus, der auch Einheimische jeden Sommer immer wieder anzieht.

460 DIE HISTORISCHE HUBERTUS-JAGD

Seit 1900 findet jedes Jahr am ersten Sonntag im November die »Hubertus-Jagd« in Dyrehaven statt. Man sollte sie sich nicht als typische Fuchsjagd vorstellen, vielmehr ist es ein Querfeldein-Rennen für Pferde. Jeder der 160 Reiter muss mit seinem Pferd eine Strecke von 13 Kilometern zurücklegen und dabei mehr als 30 Hindernisse überwinden.

FAHRRADFAHREN IN KOPENHAGEN

40 BESONDERE EINBLICKE IN KOPENHAGEN

5 Geheimnisse über das Leben in einer der

LEBENSWERTESTEN STÄDTE DER WELT

461 **EINE GLÜCKLICHE STADT**

Im Jahr 2014 wurde Kopenhagen die erste Stadt, die vom *Monocle Magazine* zum dritten Mal – erstmals 2008, dann wieder 2013 – zur »lebenswertesten Stadt der Welt« gewählt wurde. *Monocles* Lebensqualitätsindex bewertet die Kriminalitätsrate, die gesundheitliche Versorgung, Wirtschaft, Bildung, Zugang zum öffentlichen Nahverkehr, Grünflächen, kulturelle Veranstaltungen und die Sonnenstunden einer Stadt.

462 **EINE AKTIVE STADT**

Im Jahr 1960 traf die Stadtregierung von Kopenhagen bewusst die Entscheidung, den Autoverkehr innerhalb der Stadt einzuschränken. Die Stadtplaner kreierten viele Fußgängerzonen, bauten ein umfassendes Netz an Fahrradwegen aus und investierten in Bus und Bahn.

463 **EINE AUSGEGLICHENE STADT**

Kopenhagens Menschen schätzen – wie alle Dänen – eine gesunde Work-Life-Balance. Laut OECD arbeiten nur zwei Prozent der Dänen 50 oder mehr Stunden pro Woche (im Vergleich dazu elf Prozent in den USA und 22 Prozent in Japan). Der Standard im Land sind 37 Arbeitsstunden pro Woche.

464 **EINE INNOVATIVE STADT**

Die Lebenshaltungskosten und die verschiedenen Steuern in Dänemark sind zweifelsohne hoch. Andererseits ist das soziale Sicherheitsnetz in Dänemark großzügig und vielfältig. Es motiviert die Kopenhagener aber auch, Risiken auf sich zu nehmen und innovativ zu sein.

465 **EINE VERTRAUENSWÜRDIGE STADT**

Niedrige Kriminalitätsraten, geringe Unterschiede zwischen den Geschlechtern, nur wenig Korruption in der Politik … das sagt die Statistik über das alltägliche Leben in Kopenhagen. Mit dem Grundvertrauen in den Staat, dem Bildungssystem und den Nachbarn erhält man eine starke Gesellschaft wie die dänische, in der man schon mal den Kinderwagen mitsamt Kind vor der Tür eines Cafés abstellen kann.

5 KULTURELLE MACKEN

der Dänen bzw. Dänemarks, die man beachten sollte

466 **DIE REGELN BEACHTEN**

Im Allgemeinen halten sich die Dänen an Regeln, ob es nun darum geht, Steuern zu zahlen, den Müll zu trennen oder an der Kreuzung zu warten, bis die Ampel auf Grün schaltet. Wenn man also in Kopenhagen Schilder mit »keine Fahrräder abstellen« oder »Rauchen verboten« sieht, sollte man das tun, was die Einheimischen tun: sie beachten.

467 **EINE KOKOSNUSS-KULTUR**

Die Dänen sind ein freundliches, loyales und leidenschaftliches Volk. Wie beim süßen Fruchtfleisch einer Kokosnuss muss man sich aber Zeit nehmen, um sich einen Zugang zum Herzen der dänischen Kultur zu schaffen. Die Mühe lohnt sich allemal.

468 **DER KLANG DER STILLE**

Bei Tag oder bei Nacht, im Sommer oder Winter, auf der Einkaufsstraße oder im öffentlicher Nahverkehr – man findet fast überall ruhige und gemütliche Orte. Denn – anders als in anderen Städten – schätzen die Einwohner in Kopenhagen den Klang der Stille ganz besonders.

469 BABYS DÜRFEN DRAUSSEN BLEIBEN

Ein schlafendes Baby in einem Kinderwagen, der vor einem Café oder Laden abgestellt wurde, während die Eltern essen oder einkaufen gehen, ist ein Bild, das man in Kopenhagen immer wieder sieht. Dies ist hier so üblich und eine praktische Lösung, denn die großen Kinderwägen durch die Enge einer Stadt zu schieben, ist umständlich. Und es drückt aus, wie sicher Kopenhagen ist.

470 WINTERBADEN

Jeder weiß, wie kalt es in Dänemark ist: Es gibt viel Wind und Regen sowie Winter, in denen die Temperatur monatelang unter null Grad liegt. Trotzdem sind viele Dänen geradezu verrückt nach ihrem Volkssport *vinterbadning* (Winterbaden). Die Einheimischen behaupten, dass dieses beliebte, alte Ritual das Herz zum Schlagen, die Haut zum Strahlen und den Kopf zum Denken bringt.

470 WINTERBADEN AM CHARLOTTENLUND SØBAD

5 DÄNISCHE WORTE ODER SÄTZE,

die man kennen und verstehen sollte

471 **»HEJ« UND »HEJ, HEJ«**

»Hej« ist der übliche Willkommensgruß in Kopenhagen. Zum Glück spricht man das dänische »Hallo« genauso aus wie das englische »Hi«. Noch besser ist, dass man »Hej« auch als Abschiedsgruß benutzen kann - dann sagt man »Hej, hej«.

472 **»TAK«, »NEJ TAK«, »MANGE TAK«**

Im Dänischen gibt es kein Wort für »bitte«, daher ist es umso wichtiger zu wissen, wie man »danke« sagt. Wenn man sich bedanken will, sagt man »tak«. Möchte man »nein danke« sagen, fügt man einfach das Wort »nej« an und gelangt zu »nej tak«. Will man »herzlichen Dank« ausdrücken, heißt das »mange tak« - ausgesprochen wird es wie »mange taak«.

473 **»JEG KAN IKKE TALE DANSK«**

Da fast alle Dänen gut Englisch sprechen, stehen die Chancen gut, dass der Besucher sich nicht ernsthaft mit der dänischen Sprache auseinandersetzen muss. Wer aber die Einheimischen ein wenig mit seinen Sprachkenntnissen beeindrucken will, kann auf deren Gruß »Jeg kan ikke tale dansk« erwidern, was so viel heißt wie »Ich kann kein Dänisch«, und so das Gespräch gleich ins Englische umleiten. Zumindest erzeugt es bei den Einheimischen ein sympathisches Lächeln.

474 **»DET ER MEGET HYGGELIGT«**

Das Konzept von *hygge* (Gemütlichkeit) ist während der kalten, dunklen dänischen Wintermonate äußerst wichtig. Glücklicherweise findet man *hygge* das ganze Jahr über in Kopenhagen – ob in einem gemütlichen Café, an einem schönen Nachmittag im Park oder bei einem Ausflug zum Strand mit Freunden. Der passende Satz, um seine Gefühle auszudrücken, ist: »Det er meget hyggeligt.« (Das ist so gemütlich hier.)

475 **»HAV EN GOD DAG«**

»Ich wünsche dir/euch einen schönen Tag/einen schönen Abend/eine gute Nacht« ist immer ein herzlicher Abschiedsgruß für die neuen, dänischen Freunde. Der Satz für alle drei Wünsche beginnt immer gleich: »Hav en god …« Daran wird dann für den Tag »dag«, für den Abend »aften« und für die Nacht »nat« angefügt.

Die 5 wichtigsten **REGELN FÜRS FAHRRADFAHREN** *in Kopenhagen*

476 **WIE MAN DIE FAHRRADWEGE BENUTZT**

2005 wurde Kopenhagen offiziell zur fahrradfreundlichsten Stadt weltweit gewählt. Die zwei wichtigsten Regeln für die Benutzung des weitläufigen Fahrradwegenetzes in der Stadt sind erstens: immer rechts fahren, außer man überholt; und zweitens: plötzliche Reaktionen und Bewegungen vermeiden, die die Fahrt der anderen stören und/oder einen Zusammenstoß verursachen könnten.

477 **HANDSIGNALE GEBEN**

Man sollte den rechten Arm zur Seite strecken, um den folgenden Fahrradfahrern rechtzeitig zu signalisieren, dass man nach rechts abbiegen will. Dasselbe Zeichen gilt natürlich für die linke Seite – hier sollte man vorher kurz nach hinten blicken, bevor man den Arm ausstreckt, sodass man niemanden behindert. Will man anhalten, sollte man die linke Hand für einige Sekunden nach oben strecken, um dies dem Verkehr hinter sich rechtzeitig mitzuteilen.

478 KLINGELN

Alle Fahrrädre in Kopenhagen müssen eine kleine Klingel am Lenker haben, mit der man dem voranfahrenden Fahrradfahrer ganz höflich auf Dänisch mitteilen kann, dass man ihn überholen möchte. Wenn Sie kurz klingeln, werden die Fahrradfahrer vor Ihnen sich ganz zur rechten Seite begeben, und Sie überholen lassen. Nach dem Manöver sollte man sich wieder rechts einordnen.

479 ABSTELLEN UND ABSCHLIESSEN

Wenn man sich in Kopenhagen ein Fahrrad ausleiht, sollte man als Erstes lernen, es sicher abzuschließen – und daran denken, es innerhalb der Stadt immer zu tun, auch wenn man nur für ein paar Minuten in einen Laden geht. Beachten Sie bitte auch die »Bitte keine Fahrräder abstellen«-Schilder vor Geschäften, und merken Sie sich ganz genau, wo Sie Ihr Fahrrad auf den gigantisch großen Fahrradparkplätzen abstellt – viele sehen sich zum Verwechseln ähnlich.

480 LICHT AN

Per Gesetz müssen Fahrräder in Kopenhagen ein funktionierendes weißes Vorderlicht und ein rotes Rücklicht haben. Es ist üblich, dass die Polizei Kontrollen durchführt und dabei die Funktion der Lampen testet. Fahren Sie bei Dämmerung und in der Nacht nie ohne Licht. Fahrradlampen sind günstig und werden in den meisten Gemischtwarenläden, Discountern oder Kiosken verkauft.

Die 5 **WICHTIGSTEN JAHRESZAHLEN** *in der Geschichte Kopenhagens*

481 **1443**

Im Jahr 1443 wurde die Hauptstadt des dänischen Königreichs von Roskilde nach Kopenhagen verlegt, nur drei Jahrhunderte, nachdem Kopenhagen von Bischof Absalon gegründet worden war. Sechs Jahre später, 1449, fand die Krönung von Christian I. in der neuen Hauptstadt Dänemarks statt.

482 **1596**

Die längste Regentschaft eines dänischen Monarchen war die von Christian IV. – er wurde im Jahr 1596 gekrönt und regierte 59 Jahre lang. Während seiner Herrschaft ließ er viele von Kopenhagens sehenswertesten Bauwerken errichten (darunter Schloss Rosenborg und den Runden Turm), führte Kriege, gründete in ganz Skandinavien neue Städte, trank exzessiv und zeugte Dutzende Kinder.

483 **1700–1800**

Das 18. Jahrhundert brachte für Kopenhagen schwere Zeiten: 1711 brach die Pest aus, schätzungsweise ein Drittel der Stadtbevölkerung starb daran. 1728 wurde das nördliche Drittel der Stadt von einem gewaltigen, vier Tage anhaltenden Feuer vernichtet. Und zu Beginn des Jahres 1801 griff der britische Admiral Nelson die königlich dänische Flotte im Hafen von Kopenhagen an – das Ereignis ging als »Seeschlacht von Kopenhagen« in die Geschichte ein.

484 **1840–1850**

Ein bewegtes Jahrzehnt: 1840 wurden die Bezirke Vesterbro, Nørrebro und Østerbro in die Stadt Kopenhagen integriert und 1847 der Hauptbahnhof von Kopenhagen gebaut. Im selben Jahr gründete J. C. Jacobsen die Carlsberg Brauerei. Und das Allerwichtigste: Am 5. Juni 1849 unterzeichnete König Frederik VII. die *Grundlov*, die erste dänische Verfassung, und führte so die konstitutionelle Monarchie in Dänemark ein.

485 **1940–1945**

Am 9. April 1940 marschierten die Nazis in Dänemark ein, besetzten das Land und errichteten ihr Hauptquartier in Kopenhagen. Fünf harte Jahre lebten die Kopenhagener unter der Besatzung der Deutschen. Sie organisierten eine erfolgreiche Widerstandsbewegung im Untergrund, die im Oktober 1943 über 7000 dänischen Juden das Leben rettete, als sie ihnen zur Massenflucht verhalf.

5 *erstaunliche*

FAKTEN ZU KOPENHAGEN

486 **SITZ DER ÄLTESTEN MONARCHIE EUROPAS**

Margarethe II., die derzeitige Königin von Dänemark, residiert im Schloss Amalienborg in Kopenhagen. Das ursprüngliche vereinigte Königreich von Dänemark wurde jedoch vom Wikingerkönig »Gorm dem Alten« im 10. Jahrhundert gegründet. Das System, das als gewählte Monarchie begann, entwickelte sich im Verlauf des 17. Jahrhunderts in eine Erbfolge, um sich dann 1849 endgültig als konstitutionelle Monarchie durchzusetzen.

487 **HAUPTSTADT EINES GLOBALEN IMPERIUMS**

Die Kolonialreich Dänemark (ca. 1540–1940) verfügte einst über eine große Macht und kontrollierte Ländereien von rund 3,1 Quadratkilometern in Europa, Südamerika, Afrika und Asien. Während dieser Ära galten Norwegen und Dänemark als eine Nation, die als *Statsfædrelandet* (Staatenvaterland) bezeichnet wurde. Kopenhagen war die Hauptstadt des beeindruckenden Imperiums.

488 **GEBURTSSTADT DER GESCHLECHTS-UMWANDLUNG**

Im September 1951 unterzogen Ärzte am Gentofte Krankenhaus den Amerikaner George Jorgensen, dessen Eltern Dänen waren, einer geschlechtsangleichenden Operation. Danach kehrte George als Christine Jorgensen nach Amerika zurück und verbrachte den Rest ihres Lebens als Entertainerin und Aktivistin für die Rechte von Transgendern.

489 **DAS ERSTE LAND, DAS PORNOGRAFIE LEGALISIERTE**

Im Jahr 1967 legalisierte die dänische Regierung den Verkauf von pornografischen Texten. Zwei Jahre später erließ das dänische Parlament ein Gesetz, das Dänemark zum ersten Land in der Geschichte machte, das pornografische Bilder erlaubte.

490 **HEIMAT DES SUPERHIGHWAYS FÜR FAHRRÄDER**

Im Jahr 2012 entschieden sich die Stadt Kopenhagen und die umliegenden Gemeinden für ein ehrgeiziges Ziel: Sie wollten die Region mit ineinander übergehenden »Superhighways für Fahrräder« über ein 500-Kilometer-Radnetz verbinden. Ziel dieses Projektes ist es, die Infrastruktur für Radfahrer zu verbessern und den Kopenhagener damit einen noch größeren Anreiz zu schaffen, das Fahrrad allen anderen Verkehrsmitteln vorzuziehen.

Die 5 **BELIEBTESTEN SCHRIFTSTELLER** *mit Verbindungen zu Kopenhagen*

491 **PETER HØEG**
(*1957)

Der Kopenhagener Peter Høeg ist ein geheimnisvoller, manchmal sehr kontroverser Schriftsteller, dessen Stil schwierig einzuordnen ist. Er wurde mit seinem magisch-realistischen Generationenroman *Vorstellung vom 20. Jahrhundert* (1988) und dem Kriminalroman *Fräulein Smillas Gespür für Schnee* (1992) berühmt. Høegs Werk wird als postmoderne Fiktion bezeichnet, in der es an Sozialkritik nicht mangelt.

492 **KAREN BLIXEN**
(1885–1962)

Die in Rungsted, nur 24 Kilometer nördlich von Kopenhagen, geborene Schriftstellerin Karen Blixen wurde weltweit mit ihren Memoiren *Jenseits von Afrika* (1937) bekannt, in denen sie die Jahre beschreibt, die sie auf ihrer Kaffeeplantage in Kenia verbracht hatte. Blixen war eine produktive Schriftstellerin, die unterschiedliche Genres bediente. Ihre Bücher, etwa *Sieben fantastische Geschichten* (1937) oder *Kamingeschichten* (1942), sollten allesamt zur Pflichtlektüre gehören.

493 **MARTIN ANDERSEN NEXØ**
(1869–1954)

Jounalist, Reiseautor und Verfechter der Arbeiterklasse: Der sozialistische Schriftsteller Martin Andersen Nexø ist bekannt für sein mehrbändiges Werk *Pelle, der Eroberer*, an dem er von 1906–1910 schrieb. Es beschreib den Kampf eines Vaters und seines Sohns, die auf der Suche nach einem besseren Leben von Schweden nach Dänemark auswandern.

494 **SØREN KIERKEGAARD**
(1813–1855)

Søren Kierkegaard gilt als Wegbereiter und Gründer der Existenzphilosophie. Er war Schriftsteller, Poet, Kritiker, Theologe und zudem ein politischer Aktivist, der sein Leben und seine Karriere damit verbrachte, den Status quo herauszufordern und intensive, tiefgehende Prosa zu schreiben. Als Einstiegsbuch ist *Furcht und Zittern* zu empfehlen.

495 **HANS CHRISTIAN ANDERSEN**
(1805–1875)

Hans Christian Andersen ist der bekannteste dänische Schriftsteller aller Zeiten. Rund um den Globus wird er für seine Märchen wie *Das hässliche Entlein* und *Die Schneekönigin* geliebt. Er war ein Freund von Charles Dickens, ein eifriger Reisender und ein faszinierender Mensch. In Kopenhagen wird er als Nationalheld verehrt.

Die 5 hilfreichsten DIGITALEN QUELLEN

496 **REJSEPLANEN TRANSPORT APP**
GRATIS
www.rejseplanen.de

Rejseplanen ist eine der besten Informationsquellen, wenn man vorhat, seine Reise durch Dänemark mit öffentlichen Verkehrsmitteln (Bus, Zug und U-Bahn) zu organisieren. Ob man nun einen Tagesausflug zum Louisiana-Museum in Humlebæk plant oder einfach nur zum Roskilde Festival und zurück fahren will: Man braucht Rejseplanen!

497 **YR WEATHER APP**
GRATIS
www.yr.no

Der Ehrlichkeit halber gleich vorweg: Die App ist nicht dänisch. YR ist die offizielle App des Norwegischen Instituts für Meteorologie, aber schlichtweg viel einfacher zu benutzen als sein dänisches Pendant, DMI Wetter – eine App, die aus dem vergleichbaren dänischen Institut stammt. Das Design von YR ist aufgeräumt, die Bilddaten sind besser und moderner und viele Inhalte sind auf Englisch abrufbar. Denken Sie immer daran, was die Dänen sagen: »Es gibt kein schlechtes Wetter, nur schlechte Kleidung.«

498 **SCANDINAVIA STANDARD.COM**

Das geniale Team hinter dem Blog des Scandinavia Standard hat seine Finger am Puls der Zeit, wenn es um Skandinavien geht – ob Design, Mode, Kultur, Events oder Reisen. Die »Scandi Six« teilen ihre Leidenschaften und ihr umfangreiches Wissen mit den englischsprachigen Bewohnern und Besuchern von Kopenhagen.

499 **COPENHAGENIZE.COM**

Copenhagenize.com ist der offizielle Blog der Copenhagenize Design Company, einer Beratungsfirma für urbane Gestaltung, die »Design, Anthropologie, Soziologie und gesunden Menschenverstand« dafür einsetzt, andere Städten fahrradfreundlich zu machen. Wen das Wie und Warum von Kopenhagens erfolgreicher urbaner Gestaltung interessiert, den wird copenhagenize.com begeistern.

500 **MURMUR.DK**

Für Ausländer ist es nicht immer einfach, die Komplexität und Subtilität dänischer Kultur, Politik oder Gesellschaft zu begreifen. Zum Glück gibt es die führende englischsprachige Zeitung in Kopenhagen, *The Murmur*, auch online. Der differenzierte und tief greifende Journalismus des Blattes deckt viele Themen ab und erklärt einer großen internationalen Leserschaft, was Dänemark bewegt.

REGISTER

IMPRESSUM

AUTOR – Austin Sailsbury

FOTOS – Tino van den Berg (S. 57, 101: T. Luyten; 219: A. Sailsbury; 157, 159: Roel Hendrickx)

COVERFOTO – Cykelslangen © DISSING+WEITLING architecture

LAYOUT – Joke Gossé und Tinne Luyten

DEUTSCHE ÜBERSETZUNG – G. Christine Eß

PROJEKTLEITUNG – Alexandra Carsten

LEKTORAT – Helga Peterz

KORREKTORAT – Anne Köhler

HERSTELLUNG – Alexander Knoll

Printed in Slovenia by Florjancic

ISBN 978-3-7343-1223-6

Alle Angaben dieses Werkes wurden von den Autoren sorgfältig recherchiert und auf den neuesten Stand gebracht sowie vom Verlag geprüft. Für die Richtigkeit der Angaben kann jedoch keine Haftung übernommen werden.

★★★★★

Sind Sie mit diesem Titel zufrieden? Dann würden wir uns über Ihre Weiterempfehlung freuen. Erzählen Sie es im Freundeskreis, berichten Sie Ihrem Buchhändler oder bewerten Sie bei Onlinekauf. Und wenn Sie Kritik, Korrekturen, Aktualisierungen haben, freuen wir uns über Ihre Nachricht an: Bruckmann Verlag, Postfach 40 02 09, D-80702 München, oder per E-Mail an: lektorat@verlagshaus.de

Unser komplettes Buchprogramm finden Sie unter www.bruckmann.de

Die Deutsche Nationalbibliothek verzeichnet diese Publikation in der Deutschen Nationalbibliografie; detaillierte bibliografische Daten sind im Internet über http://dnb.d-nb.de abrufbar.